XIUXIANSHENGHUOHANYU

实用汉语学习丛书

休闲生活汉语
Chinese for Leisure Life

卢岚岚　编著

刘林海　翻译

北京语言大学出版社

（京）新登字 157 号

图书在版编目（CIP）数据

休闲生活汉语/卢岚岚编著；刘林海翻译．
—北京：北京语言大学出版社，2006 重印
（实用汉语学习丛书）
ISBN 7 – 5619 – 1204 – 8

Ⅰ．休…
Ⅱ．①卢…②刘…
Ⅲ．汉语 – 口语 – 对外汉语教学 – 教学参考资料
Ⅳ．H195.4

中国版本图书馆 CIP 数据核字（2003）第 026949 号

书　　名：	休闲生活汉语	
责任印制：	乔学军	

出版发行：**北京语言大学出版社**

社　　址：	北京市海淀区学院路 15 号　邮政编码：100083
网　　址：	www.blcup.com
电　　话：	发行部　82303650/3591/3651
	编辑部　82303647
	读者服务部　82303653/3908
印　　刷：	北京新丰印刷厂
经　　销：	全国新华书店

版　　次：	2004 年 3 月第 1 版　2006 年 9 月第 2 次印刷
开　　本：	787 毫米×1000 毫米　1/32　印张：7.25
字　　数：	185 千字　　印数：5001 – 8000 册
书　　号：	ISBN 7 – 5619 – 1204 – 8/H · 03035
定　　价：	16.00 元

凡有印装质量问题，本社负责调换。电话：82303590

前　言

　　在中国学习汉语的留学生除了课堂时间，还有丰富的业余生活，他们在正式教材内容之外，也需要大量娱乐休闲活动所需的表达和词汇。毕竟教材选用的内容与词汇总是落后于生活中不断出现的新鲜事物。《休闲生活汉语》这本小册子就是想提供给留学生们这样一个新角度。它以三十项休闲活动为话题，以轻松活泼的风格将惯用语、相关词容纳进去。通过这本小册子，留学生可以掌握相当多常用的生动的语词语句，拓展谈话范围，提高汉语水平。

　　每章起始的"记住这些句型"一节，列出了本章中典型的表达方式，具有较大的可替换性，其中的生词则帮助学生理解和记忆对话、叙述两部分中出现的有一定难度的词语；"也许你需要"是与本章休闲活动有关的词汇，虽未出现在文中，但展示给学生，以利于他们扩大词汇量，增加谈话容量。

　　希望这本小册子同时还能启发学生们如何度过课余生活。

编者

Foreword

As foreign students learning Chinese language in China have lots of ways to spend their leisure time after classes, they need a great deal of Chinese expressions and a huge Chinese vocabulary in their recreation apart from what they might learn from the formal textbooks. After all, the contents and vocabulary of any published textbooks will never be as fresh as those of our everyday life. With thirty topics related to recreation, this handbook, *休闲生活汉语*, is designed to provide the foreign learners with a new solution and a large number of recreation-related set phrases and expressions in an easy and lively style. After going through this handbook, the foreign learners will be able to learn a great number of lively common Chinese words and expressions, expand the scope of their topics, and improve their Chinese level.

In the beginning section of *"记住这些句型"* in each chapter, typical expressions are listed with substitutions. Difficult words and expressions are listed to help learners understand and remember the dialogue and text. Though not included in the text of the chapter, an extra vocabulary related to the recreational topic of the chapter is provided in the section of "也许你需要" to help the learners expand their vocabulary and topics.

Finally, we hope that this handbook may also serve as a guide for foreign learners to spend their after-class hours.

Compilers

目 录
Contents

1 爬山 …………………………………… (1)
Climbing a Mountain

2 可爱的小金鱼 ………………………… (8)
Lovely Little Goldfish

3 放风筝 ………………………………… (15)
Flying a Kite

4 钓鱼 …………………………………… (23)
Fishing

5 品茶 …………………………………… (30)
Sampling Tea

6 游泳 …………………………………… (37)
Swimming

7 听音乐会 ……………………………… (44)
Listening to a Concert

8 蹦极 …………………………………… (52)
Bungee-jumping

9 开车兜风 ……………………………… (58)
Going for a Drive

I

10　活动一下儿 ·················· (65)
　　Doing Exercises

11　种花 ······················· (73)
　　Planting Flowers

12　骑马 ······················· (80)
　　Riding Horses

13　打保龄球 ··················· (87)
　　Playing Bowling

14　集邮 ······················· (95)
　　Collecting Stamps

15　我们在聊天 ················ (102)
　　We Are Chatting

16　赛卡丁车 ·················· (110)
　　Racing Carting Cars

17　骑车去郊游 ················ (117)
　　Going on an Outing by Bicycle

18　找小吃 ····················· (124)
　　Looking for Snacks

19　划船 ······················· (131)
　　Boating

20　中国功夫 ·················· (139)
　　Chinese Kung fu

21 打雪仗 ················· (147)
  Throwing Snowballs
22 看日出 ················· (154)
  Watching the Sunrise
23 学吉他 ················· (162)
  Learning to Play Guitar
24 夏天滑冰 ··············· (169)
  Skating in Summer
25 做几个好菜 ············· (177)
  Cooking Delicious Dishes
26 报纸和杂志 ············· (184)
  Newspapers and Magazines
27 卡拉 OK ··············· (191)
  Karaoke
28 陶艺制作 ··············· (198)
  Pottery-making
29 蹦迪 ··················· (205)
  Disco
30 电视节目 ··············· (212)
  TV Programs

1 爬山

Pá Shān

Climbing a Mountain

记住这些句型 Remember the sentence patterns

■ 每 个 星 期 都 要……

Měi ge xīngqī dōu yào……

to … every week

■ 这 也 没 什 么。

Zhè yě méi shénme.

It doesn't matter. /That's all right.

■ ……比…… 还……

…… bǐ …… hái……

… than …

■ ……，只 好……

……, zhǐhǎo……

…, … have to …

王东和于西 Wang Dong and Yu Xi

王东: 我 的 邻居 张 大爷和他 老伴
Wǒ de línjū Zhāng dàye hé tā lǎobàn

每 个 星期 都 要 去 爬一 次
měi ge xīngqī dōu yào qù pá yí cì

香 山。
Xiāng Shān.

Grandpa Zhang and his wife are my neighbors. They climb the Fragrant Hill every week.

于西: 他们 多 大 岁数?
Tāmen duō dà suìshu?

How old are they?

王东: 一个 七十一，一个 六十七。
Yí ge qīshíyī, yí ge liùshíqī.

One is seventy-one, and the other is sixty-seven.

于西: 真 了不起! 我 最近 的 一 次
Zhēn liǎo bu qǐ! Wǒ zuìjìn de yí cì

爬 山 是 五 年 前 去 爬 泰
pá shān shì wǔ nián qián qù pá Tài

山， 爬 了 三 分 之 一 就 上 气
Shān, pále sān fēn zhī yī jiù shàng qì

不 接 下 气， 只 好 去 坐 缆车。
bù jiē xià qì, zhǐhǎo qù zuò lǎnchē.

That's great! I climbed Mount Tai five years ago. I was already out of breath when I finished only one-third of it, and had to take a cable car.

王东：这 也 没 什么， 可以 保存 体力
Zhè yě méi shénme, kěyǐ bǎocún tǐlì

下 山。
xià shān.

It's OK. You can save your strength for going down the mountain.

于西：没有！ 我 听说 下 山 比 上
Méiyǒu! Wǒ tīngshuō xià shān bǐ shàng

山 更 累， 又 坐着 缆车
shān gèng lèi, yòu zuòzhe lǎnchē

下来 了！
xiàlai le!

No. It is said that it is more tiring to go down than go up the mountain. So I went down by cable car again!

➡ 老伴　　lǎobàn　　(of an old married couple) husband or wife

上气不接下气　　shàng qì bù jiē xià qì out of breath

缆车　　lǎnchē　　cable car

保存　　bǎocún　　to save; to preserve

王东 Wang Dong

北京　　周围　　山　　不　　少，　最
Běijīng zhōuwéi shān bù shǎo, zuì

有名　的　当然　是　不　算　太　高　的
yǒumíng de dāngrán shì bú suàn tài gāo de

香　山。　其实，　爬　山　最好　是
Xiāng Shān. Qíshí, pá shān zuìhǎo shì

选择　那些　名气　不　大、去　的　人　少
xuǎnzé nàxiē míngqi bú dà、qù de rén shǎo

的　野　山。　否则，　爬　山　和　　逛
de yě shān. Fǒuzé, pá shān hé guàng

公园　也 没有　多少　差别 了。
gōngyuán yě méiyǒu duōshao chābié le.

There are many mountains around Beijing, and the Fragrant Hill, which is not very high, is the most famous one. In fact, however, it is better to climb those uncultivated ones with less fame and fewer visitors. Otherwise, there would be no much difference between climbing a mountain and strolling about a park.

➡️周围　　zhōuwéi　　around
　算　　　suàn　　　count
　名气　　míngqi　　fame; reputation; name
　野山　　yě shān　　uncultivated (desolate)
　　　　　　　　　　　mountain (hill)

也许你需要
You will probably need these words

台阶	táijiē	staircase
双肩包	shuāngjiānbāo	
		double-shouldered bag
山脚	shānjiǎo	
		foot of a mountain
半山腰	bànshānyāo	
		halfway up a mountain
山顶	shāndǐng	mountaintop; mountain peak

还有几句话 A few more sentences

爬　山　加　野餐，是　最　好
Pá shān jiā yěcān, shì zuì hǎo

的　享受。
de xiǎngshòu.

It is the greatest enjoyment to climb a mountain and have a picnic. (Climbing a mountain and having a picnic is the most wonderful entertainment.)

要是 几 个 人 一起 去 爬 山，
Yàoshi jǐ ge rén yìqǐ qù pá shān,

最好 有 男 有 女。男孩 有
zuìhǎo yǒu nán yǒu nǚ. Nánhái yǒu

力气，女孩 细心，不 容易 出 问题。
lìqi, nǚhái xìxīn, bù róngyì chū wèntí.

It is best for several people, including both males and females, to climb a mountain together. It is safer because boys are strong and girls are careful.

休闲生活汉语

 **2 可爱的小金鱼** Kě'ài de Xiǎojīnyú
Lovely Little Goldfish

记住这些句型 Remember the sentence patterns

■ ……多 好 啊!
……duō hǎo a!
How nice it is to ... ;
It is good to ...

■ ……是 从 哪儿…… 的?
…… shì cóng nǎr…… de?
Where ... from?

■ 什么…… 的…… 都……
Shénme…… de…… dōu……
(There are) all kinds of ...

■ ……、……、……什么 的
……、……、…… shénme de
... , ... and ...

8

王东和于西 Wang Dong and Yu Xi

王东: 我 去了 几 个 朋友 家，怎么
Wǒ qùle jǐ ge péngyou jiā, zěnme

都 养着 金鱼 啊?
dōu yǎngzhe jīnyú a?

I went to some of my friends' and saw that
they all raise goldfish. Why? (I went to
some of my friends' homes. Why do they all
raise goldfish?)

于西: 我们 家 也 养! 养 金鱼 多
Wǒmen jiā yě yǎng! Yǎng jīnyú duō

好 啊! 书桌 前 放上 一
hǎo a! Shūzhuō qián fàngshang yì

缸, 看着 又 活泼 又 漂亮,
gāng, kànzhe yòu huópo yòu piàoliang,

还 休息 大脑 和 眼睛。
hái xiūxi dànǎo hé yǎnjing.

We also raise goldfish in our family. How
nice it is to raise them! (It is good to raise
them.)It is nice to have a bowl of goldfish

by your desk, and you can relax your brain and eyes when you look at these lively and beautiful creatures.

王东：那些 金鱼 你们 是 从 哪儿
Nàxiē jīnyú nǐmen shì cóng nǎr

弄来 的？
nònglái de?

Where do you get those goldfish?

于西：观赏鱼 市场。 那儿 什么
Guānshǎngyú shìchǎng. Nàr shénme

品种 的 金鱼 都 有，还 卖
pǐnzhǒng de jīnyú dōu yǒu, hái mài

鱼缸、鱼食、水草 什么 的。
yúgāng、 yúshí、 shuǐcǎo shénme de.

We get these goldfish from the market of ornamental fish. There are all kinds of goldfish there. Goldfish bowls, fish feed and waterweeds(water plants) are also available.

王东：我 听说 养 金鱼 挺 麻烦 的，
Wǒ tīngshuō yǎng jīnyú tǐng máfan de,

要 经常 换 水，清洗 鱼缸，
yào jīngcháng huàn shuǐ, qīngxǐ yúgāng,

有的 金鱼 还 爱 生 病。
yǒude jīnyú hái ài shēng bìng.

It is said that it is troublesome to raise goldfish because you have to often change water, clean the bowls, and some goldfish are liable to illnesses.

于西：我 倒 不 觉得 麻烦。那 都 是 我
Wǒ dào bù juéde máfan. Nà dōu shì wǒ

爸 的 事儿。
bà de shìr.

I don't think so. It's all the business of my dad.

11

➡ <u>鱼缸</u>　　　yúgāng　　　　goldfish bowl
　养　　　　yǎng　　　　　to raise (keep, grow)
　<u>观赏鱼</u>　guānshǎngyú　ornamental fish
　<u>鱼食</u>　　yúshí　　　　　fish feed
　品种　　　pǐnzhǒng　　　kind; variety

于西 Yu Xi

老　北京人　有　养　金鱼　的
Lǎo　Běijīngrén　yǒu　yǎng　jīnyú　de

传统。　金鱼便宜，不难养，家里
chuántǒng.　Jīnyú piányi,　bù nán yǎng, jiā　li

的 孩子 也 都 喜欢。从前，卖 金鱼
de háizi yě dōu xǐhuan. Cóngqián, mài jīnyú

的 都 是 沿 街 叫 卖：卖 金鱼儿 喽!
de dōu shì yán jiē jiào mài: Mài jīnyúr lou!

现在 有了 观赏鱼 市场，鱼 的
Xiànzài yǒule guānshǎngyú shìchǎng, yú de

品种 多 了，养 鱼的 配套 设施 也
pǐnzhǒng duō le, yǎng yú de pèitào shèshī yě

齐全，不过 花销 也 大 了。
qíquán, búguò huāxiāo yě dà le.

The old natives of Beijing had the tradition of raising goldfish. Goldfish, which were cheap and easy to raise, could also be appreciated by the children of a family. In the past, the pedlars hawked along the streets "Goldfish!" Now, there are markets of ornamental fish, where a great variety of fish and necessary facilities for fish raising are available, but the costs also rise.

➡ 叫卖	jiàomài	hawk; huckster
配套设施	pèitào shèshī	necessary facilities
花销	huāxiāo	cost; expense

也许你需要
You will probably need these words

鱼虫	yúchóng	water flea (used as fish feed)
氧气	yǎngqì	oxygen
沿街	yán jiē	along the street
尾巴	wěiba	tail
游	yóu	to swim

还有几句话 A few more sentences

■ 要是 你 在 家 里 养了 猫 又 养了
Yàoshi nǐ zài jiā li yǎngle māo yòu yǎngle

金鱼， 千万 要 小心!
jīnyú, qiānwàn yào xiǎoxīn!

You must be very careful if you have both cat and goldfish at your home.

■ 有些 人 太 爱 金鱼 了 不 停 地 给
Yǒuxiē rén tài ài jīnyú le, bù tíng de gěi

它们 吃 的，结果 金鱼 就 撑死 了!
tāmen chī de, jiéguǒ jīnyú jiù chēngsǐ le!

Some people are too fond of goldfish and feed them ceaselessly. As a result, the fish eat too much and die in the end.

3 放风筝

Fàng Fēngzheng

Flying a Kite

记住这些句型 Remember the sentence patterns

■ 现在 哪里 还有……的 地方 啊?

Xiànzài nǎli hái yǒu…… de dìfang a?

Is there any place for … now?

■ 每 到……

Měi dào……

whenever …

■ 各 式 各 样 的……

Gè shì gè yàng de……

all kinds of …

■ ……多 的 是。

…… duō de shì.

There are so many …

王东和于西 Wang Dong and Yu Xi

王东：天气 这么 好，又 刮着 春风，
Tiānqì zhème hǎo, yòu guāzhe chūnfēng,

正 是 放 风筝 的 时机！
zhèng shì fàng fēngzheng de shíjī!

It is a good day with spring breeze, so it is
time to fly kites.

于西：放 风筝？ 我 小 时候 放过，
Fàng fēngzheng? Wǒ xiǎo shíhou fàngguo,

现在 哪里 还 有 放 风筝 的
xiànzài nǎli hái yǒu fàng fēngzheng de

地方？
dìfang?

Flying kites? I used to do that when I was a child, but is there any place for kite-flying now?

王东：多 的 是！ 护城河 边， 郊区，
Duō de shì! Hùchénghé biān, jiāoqū,

北京 新 建 的 小区 绿地 面积
Běijīng xīn jiàn de xiǎoqū lǜdì miànjī

也 很 大， 都 适合 放　 风筝。
yě hěn dà, dōu shìhé fàng fēngzheng.

在 北京， 放 风筝 最 好 的
Zài Běijīng, fàng fēngzheng zuì hǎo de

地方， 你 猜 是 哪儿？
dìfang, nǐ cāi shì nǎr?

There are so many places! The area by the city moat, the suburbs and the broad grassland of the newly built residential areas in Beijing are all suitable for flying kites. Can you guess where is the best place for kite-flying in Beijing?

于西：是 哪儿？
Shì nǎr?

Where (is it)?

王东：天安门 广场！ 每 到
Tiān'ānmén Guǎngchǎng! Měi dào

春季， 老老少少 带上 各式
chūnjì, lǎolao-shàoshào dàishang gè shì

各 样 的 风筝， 比赛 谁 的
gè yàng de fēngzheng, bǐsài shuí de

风筝 漂亮， 谁的 风筝
fēngzheng piàoliang, shuí de fēngzheng

飞 得 高、飞 得 远。
fēi de gāo、fēi de yuǎn.

It is the Tian'anmen Square! When spring comes, people of all ages go there with all kinds of kites to see whose kite is beautiful and whose flies high and far.

于西：太 有 意思 了！我 得 去
Tài yǒu yìsi le! Wǒ děi qù

广场 把 人们 放 风筝
Guǎngchǎng bǎ rénmen fàng fēngzheng

的 场面 照 下来。
de chǎngmiàn zhào xiàlai.

It is so interesting! I must go to the square to take photos for those who fly kites.

王东：是 啊！ 天 安门　　广场　　上
Shì a! Tiān'ānmén Guǎngchǎng shang

人人 都抬头 望着 天，这
rénrén dōu tái tóu wàngzhe tiān, zhè

种　　场面　一定 有趣！
zhǒng chǎngmiàn yídìng yǒuqù!

Yes! Everyone looks up at the sky there, and it must be very interesting!

➡️放风筝　fàng fēngzheng　to fly a kite
飞　　　fēi　　　　to fly
场面　　chǎngmiàn　scene; spectacle
绿地　　lǜdì　　　grassland
照下来　zhào xiàlai　to take a photo

王东 Wang Dong

差 不 多 每 个 孩子 都　放过
Chà bu duō měi ge háizi dōu fàngguo

风筝。　很 多　风筝　不是 买来
fēngzheng. Hěn duō fēngzheng bú shì mǎilai

的，是 孩子们 的 爷爷 或者 父亲
de, shì háizimen de yéye huòzhě fùqin

亲手 做的，也 有的 是 在 大人 的
qīnshǒu zuò de, yě yǒude shì zài dàren de

帮助 下 孩子们 自己 完成 的。
bāngzhù xià háizimen zìjǐ wánchéng de.

我 觉得 这样 的 风筝 比
Wǒ juéde zhèyàng de fēngzheng bǐ

商店 里 卖 的 更 有 意思。
shāngdiàn li mài de gèng yǒu yìsi.

风筝 的 式样 就 全 凭
Fēngzheng de shìyàng jiù quán píng

想象 了，常见 的 有 燕子、
xiǎngxiàng le, chángjiàn de yǒu yànzi,

蝴蝶、蜈蚣 等等。
húdié, wúgōng děngdeng.

Almost every child has the experience of flying a kite. Many kites are not bought, but are made by children's grandpas or fathers, sometimes by the children themselves with the help of adults. I think that these kites are more interesting than those sold in shops. The styles are all designed through imagination, among which swallows, butterflies and centipedes are common.

➡式样	shìyàng	style
想象	xiǎngxiàng	imagination
燕子	yànzi	swallow
蝴蝶	húdié	butterfly
蜈蚣	wúgōng	centipede

也许你需要
You will probably need these words

线	xiàn	line; thread; string
拽	zhuài	to drag; haul; pluck; pull
风向	fēngxiàng	wind direction
风力	fēnglì	wind power

还有几句话 A few more sentences

■ 据说 放 风筝 能 锻炼 你的
Jùshuō fàng fēngzheng néng duànliàn nǐ de

眼力。
yǎnlì.

It is said that kite-flying can improve your eye-sight (is helpful to your eye-sight).

■戴上 手套 去 放 风筝， 你
Dàishang shǒutào qù fàng fēngzheng, nǐ

会 发现 它 对 你 很 有 帮助。
huì fāxiàn tā duì nǐ hěn yǒu bāngzhù.

It is helpful to fly kites with gloves.

4 钓鱼

Diào Yú

Fishing

记住这些句型 Remember the sentence patterns

■ 在…… 比赛 中 得了第一 名。

Zài…… bǐsài zhōng déle dì-yī míng.

to win the first place in the . . . competition

■ 没 想到……

Méi xiǎngdào……

do not expect . . . ; it is surprising that . . .

■ 本来……，现在 却……

Běnlái……, xiànzài què……

should have . . . , but now . . .

■ 看来……

Kànlái……

it seems . . .

王东和于西 Wang Dong and Yu Xi

王东：我 爸 这 几 天 都 特别 兴奋，
　　　Wǒ bà zhè jǐ tiān dōu tèbié xīngfèn,

他 在 老年 钓鱼 比赛 中
tā zài lǎonián diào yú bǐsài zhōng

得了 第一 名，奖品 是 一套
déle dì-yī míng, jiǎngpǐn shì yí tào

进口 高级 渔具！
jìnkǒu gāojí yújù!

My father is very excited these days because
he won the first place in the fishing competi-
tion and was awarded a set of high-quality
foreign fishing gear.

于西：没　想到　你　爸　是　钓鱼
　　　　Méi　xiǎngdào　nǐ　bà　shì　diào　yú

高手。　成绩　是　多少?
gāoshǒu.　Chéngjì　shì　duōshao?

I didn't expect that your father is good at fishing. How many fish did he catch?

王东：他　在　五　分钟　内　　钓上了
　　　　Tā　zài　wǔ　fēnzhōng　nèi　diàoshàngle

五十三　斤　鱼!
wǔshísān　jīn　yú!

Fifty-three *jin* in five minutes.

于西：原来　钓鱼比赛是论　　重量,
　　　　Yuánlái　diào　yú　bǐsài　shì　lùn　zhòngliàng,

不　论　条数。
bú　lùn　tiáoshù.

I didn't know that fishing competition was counted in terms of weight rather than quantity.

王东：这　也　没　想到　吧? 我　不　理解
　　　　Zhè　yě　méi　xiǎngdào　ba? Wǒ　bù　　lǐjiě

的　是　钓　鱼　本来　是　一　　种
de　shì　diào　yú　běnlái　shì　yì　zhǒng

轻松 悠闲， 放松 身心 的
qīngsōng yōuxián, fàngsōng shēnxīn de

个人 活动， 现在 却 也 能
gèrén huódòng, xiànzài què yě néng

比赛 了！
bǐsài le!

Is this also surprising? What I really don't understand is that fishing should be an easy and relaxing individual activity, but now it also becomes a competition.

于西：看来 现代人 真 喜欢 竞争，
Kànlái xiàndàirén zhēn xǐhuan jìngzhēng,

包括 像 你爸 这 种 岁数
bāokuò xiàng nǐ bà zhè zhǒng suìshu

的 老人。
de lǎorén.

It seems that modern people, including the aged such as your father, really like competition.

➡钓鱼   diào yú   fishing
论   lùn   in terms of
悠闲   yōuxián   easy; leisure
竞争   jìngzhēng   competition

王东 Wang Dong

我爸爱钓鱼，可现在能
Wǒ bà ài diào yú, kě xiànzài néng

钓到鱼的自然的小河、水塘
diàodào yú de zìrán de xiǎohé、shuǐtáng

几乎没有了，他只好去私人
jīhū méiyǒu le, tā zhǐhǎo qù sīrén

养鱼池钓。一个方方的大
yǎngyúchí diào. Yí ge fāngfāng de dà

池子，里边的鱼成群结队，这
chízi, lǐbian de yú chéng qún jié duì, zhè

种钓鱼方式缺少趣味，而且，
zhǒng diào yú fāngshì quēshǎo qùwèi, érqiě,

不需要多大技巧。所以每当
bù xūyào duō dà jìqiǎo. Suǒyǐ měi dāng

看到我爸高高兴兴出门去
kàndào wǒ bà gāogao-xìngxìng chū mén qù

钓鱼，我总对他说："您又去
diào yú, wǒ zǒng duì tā shuō："Nín yòu qù

捞鱼啊？"
lāo yú a?"

My father likes fishing, but there are hardly any natural rivers and ponds for fishing now, so he has to go to those big and square artificial fish ponds. To fish in the private ponds with swarms of fish is uninteresting, and needs less skill. So, whenever I see my father going out to fish happily, I always say to him: "Are you going to net fish again?"

➡成群结队	chéng qún jié duì	swarms of
趣味	qùwèi	interest
技巧	jìqiǎo	skill
捞	lāo	to fish for; to drag for

也许你需要
You will probably need these words

鱼饵	yú'ěr	bait
上钩	shàng gōu	to swallow the bait
放生	fàng shēng	to free captive animals
鱼杆	yúgān	fish pole

还有几句话 A few more sentences

■ 钓 鱼 是 一 门 学问。除了 耐心，
Diào yú shì yì mén xuéwèn. Chúle nàixīn,

还 须 对 鱼性、水流、天气 等等
hái xū duì yúxìng、shuǐliú、tiānqì děngdeng

有 专门 的 研究。
yǒu zhuānmén de yánjiū.

Fishing is a branch of learning. Besides patience, one must make special studies on the character istics of fish, current, weather, etc.

■ 钓 鱼 可 不 是 为了 吃鱼。想 吃
Diào yú kě bú shì wèile chī yú. Xiǎng chī

鱼，就 去 市场 买 好 了。
yú, jiù qù shìchǎng mǎi hǎo le.

Fishing is not for eating. If so, just go to the market to buy fish.

5 品茶

Pǐn Chá

Sampling Tea

记住这些句型 Remember the sentence patterns

■ ……对你我来说都……

……duì nǐ wǒ lái shuō dōu……

... for both of us (you and me) is ...

■ 我提议……

Wǒ tíyì……

I suggest that ...

■ 怎么也不敢……

Zěnme yě bù gǎn……

dare not ... in any event

■ 我还记得有一次……

Wǒ hái jìde yǒu yí cì……

I still remember that once ...

王东和于西 Wang Dong and Yu Xi

王东：于西， 尝尝 我 朋友 从
Yú Xī, chángchang wǒ péngyou cóng

杭州 带来的 西湖 龙井茶，
Hángzhōu dàilái de Xī Hú Lóngjǐngchá,

还是 今年 的 明前茶 呢！
háishì jīnnián de míngqiánchá ne!

Yu Xi, please sample the West Lake
Longjing Tea that my friend brought from
Hangzhou, and it is the green tea made
from the fresh leaves picked before this Pure
Brightness.

于西：不错！再 来 一 杯！
Búcuò! Zài lái yì bēi!

Delicious! Another cup, please!

王东：啊？你 一 口 就 喝完 了？你 这
Á? Nǐ yì kǒu jiù hēwán le? Nǐ zhè

叫"牛饮"，好 茶 应该 品，不
jiào "niúyǐn", hǎo chá yīnggāi pǐn, bú

是 这样 喝 的。
shì zhèyàng hē de.

Ah? Finish it so quickly? You are drinking like a fish. High-quality tea should be sampled rather than swigged.

于西: 对 不 起， 对 不 起， 我 刚才
Duì bu qǐ, duì bu qǐ, wǒ gāngcái

有点儿 渴。 第二 杯， 我 再
yǒudiǎnr kě. Dì-èr bēi, wǒ zài

好好 品。
hǎohao pǐn.

Sorry, sorry. I was a bit thirsty just now. I will sample the second cup slowly.

王东: 我 知道，品 茶 这 种 艺术 对
Wǒ zhīdao, pǐn chá zhè zhǒng yìshù duì

你 我 来 说 都 太 高雅 了。
nǐ wǒ lái shuō dōu tài gāoyǎ le.

I know that the art of sampling tea is too elegant for us.

于西: 是 啊! 我 还 记 得 有 一 次
Shì a! Wǒ hái jìde yǒu yí cì

我们 路过 一 家 茶艺馆， 我
wǒmen lùguò yì jiā cháyìguǎn, wǒ

提议 进去 见识 见识， 你 怎么
tíyì jìnqu jiànshi jiànshi, nǐ zěnme

也不敢进!
yě bù gǎn jìn!

Yes! I still remember that once when we passed by a teahouse, I suggested that we went in to enrich our experience, but you dared not enter it in any event.

➡明前茶   míngqiánchá

               the green tea made from the fresh leaves picked before the Pure Brightness

牛饮   niúyǐn   drink like a fish

品   pǐn   to sample

高雅   gāoyǎ   elegant; elegance

见识   jiànshi   to enrich one's experience; to widen one's knowledge; insight

于西 Yu Xi

中国　古人 对 喝 茶 是　非常
Zhōngguó gǔrén duì hē chá shì fēicháng
讲究 的。单单 是 泡 茶 的 水，就
jiǎngjiu de. Dāndān shì pào chá de shuǐ, jiù

分成 好几 等。据说 最好的水 是
fēnchéng hǎo jǐ děng. Jùshuō zuì hǎo de shuǐ shì

把 冬天 的雪 积在坛子 中，埋在
bǎ dōngtiān de xuě jī zài tánzi zhōng, mái zài

地下，到 第二 年 春天 取来 泡茶，
dìxià, dào dì-èr nián chūntiān qǔlái pào chá,

然后是 泉水、井水、河水。品茶的
ránhòu shì quánshuǐ、jǐngshuǐ、héshuǐ. Pǐn chá de

用具、 程序 就 更 复杂 了。我
yòngjù、 chéngxù jiù gèng fùzá le. Wǒ

猜想， 今天 已经 没有 一个人 像
cāixiǎng, jīntiān yǐjing méiyǒu yí ge rén xiàng

古人 那样 喝茶 了。
gǔrén nàyàng hē chá le.

The ancient Chinese paid great attention to tea-drinking. There were many classes only as the water was concerned. It is said that the best water was made by collecting snow in a jar in the winter, burying it underground, and taking it out to make tea in the coming spring. Other excellent water included fountain, well and river water. The tea sets and procedure were more complicated. I guess that nowadays no one would drink tea as the ancients did.

➡ 讲究　　　jiǎngjiu　　　to pay attention to

单单　　　dāndān　　　only

坛子　　　tánzi　　　jar

泡(茶)　　　pào(chá)　　　to make (tea)

程序　　　chéngxù　　　procedure;
　　　　　　　　　　　proceeding; process

也许你需要
You will probably need these words

水温　　　shuǐwēn　　　water temperature

抿　　　mǐn　　　sip

茶具　　　chájù　　　tea service; tea set

茶道　　　chádào　　　the art of drinking tea;
　　　　　　　　　　　tea ceremony

还有几句话 A few more sentences

■ 喝 茶 也 跟 喝 酒、抽 烟 一样，
Hē chá yě gēn hē jiǔ、chōu yān yíyàng,

养成　　习惯 后，很 难 放弃。
yǎngchéng xíguàn hòu, hěn nán fàngqì.

Just like drinking and smoking, if you are accustomed to tea drinking, it is very difficult for you to give it up.

■ 科学家 说，茶 是 世界 上 最
Kēxuéjiā shuō, chá shì shìjiè shang zuì

健康　的 饮料。
jiànkāng de yǐnliào.

According to scientists, tea is the most healthy drink in the world.

36

6 游泳

Yóuyǒng

Swimming

记住这些句型 **Remember the sentence patterns**

■……得 受 不 了。
……de　shòu bu liǎo.
… too … to bear

■我 几乎……了 一个 小时。
Wǒ　jīhū……　le　yí ge xiǎoshí.
I have … almost for an hour.

■体会 一下儿 ……的 滋味。
Tǐhuì　yíxiàr　……　de　zīwèi.
to taste the feeling of …

■既然 这样，就……
Jìrán zhèyàng，　jiù……
in this case (in the circumstances)，then …

37

王东和于西 Wang Dong and Yu Xi

王东： 天气 这么 热，想 不 想 去
Tiānqì zhème rè, xiǎng bu xiǎng qù

游游 泳？
yóuyou yǒng?

What a hot day! Would you like go swimming?

于西： 哎呀！ 你 不 知道， 现在
Āiya! Nǐ bù zhīdào, xiànzài

游泳馆 里人特别多！ 上
yóuyǒngguǎn li rén tèbié duō! Shàng

个 星期 我 去 了， 游泳池 里
ge xīngqī wǒ qù le, yóuyǒngchí li

全 是 人，我 几乎 在 水 里
quán shì rén, wǒ jīhū zài shuǐ li

站了 一个 小时！
zhànle yí ge xiǎoshí!

Oh! You may not know that there are so
many people in the swimming pool now! I
went there last week and had stood in the
water for almost an hour, because the pool
was full of people.

王东：哈哈！ 游泳池 成 浴池 了！
Hāha! Yóuyǒngchí chéng yùchí le!

Aha! It would be rather a plunge bath than
swimming pool.

于西：我 原来 是 想 体会 一下儿 在
Wǒ yuánlái shì xiǎng tǐhuì yíxiàr zài

清凉 的 水 中 畅游
qīngliáng de shuǐ zhōng chàngyóu

的 滋味。
de zīwèi.

Originally I wanted to taste the feeling of
swimming freely in the clear cool water.

王东：既然 这样，就 不去 游泳 了。
Jìrán zhèyàng, jiù bú qù yóuyǒng le.

热得 受 不 了 了，就 多 洗 几
Rè de shòu bu liǎo le, jiù duō xǐ jǐ

次澡。游泳 的事，冬天 再
cì zǎo. Yóuyǒng de shì, dōngtiān zài

说 吧!
shuō ba!

We will not go swimming in this case then.
You can bath more often if you feel too hot.
As for swimming, we will do that when
winter comes.

于西：我 怕 到了 冬天， 就 根本
Wǒ pà dàole dōngtiān, jiù gēnběn

想 不起来 游泳 了。那时候
xiǎng bu qǐlái yóuyǒng le. Nà shíhou

只 想 在 火锅店 大 吃
zhǐ xiǎng zài huǒguōdiàn dà chī

一 顿。
yí dùn.

I am afraid that you will want to do nothing
except eat in a chafing dish restaurant at the
time, let alone swimming.

➡浴池	yùchí	plunge bath
畅游	chàngyóu	to swim freely
清凉	qīngliáng	clear and cool
火锅店	huǒguōdiàn	chafing dish restaurant

于西 Yu Xi

我 的 游泳 水平 不 低，
Wǒ de yóuyǒng shuǐpíng bù dī,

自由泳、 蝶泳、 蛙泳、 仰泳 都
zìyóuyǒng、 diéyǒng、 wāyǒng、 yǎngyǒng dōu

会，速度 当然 没有 奥运 选手
huì, sùdù dāngrán méiyǒu Àoyùn xuǎnshǒu

快， 但 跟 周围 的 朋友们 比
kuài, dàn gēn zhōuwéi de péngyoumen bǐ

时，拿过 不 少 次 冠军。我 忘了
shí, náguo bù shǎo cì guànjūn. Wǒ wàngle

是 什么 时候 开始 学会 游泳 的，
shì shénme shíhou kāishǐ xuéhuì yóuyǒng de,

也 没有 人 教 我。很 多 事，只要
yě méiyǒu rén jiāo wǒ. Hěn duō shì, zhǐyào

喜欢， 都 能 学会。
xǐhuan, dōu néng xuéhuì.

I am good at swimming in all styles ——freestyle, butterfly stroke, breaststroke or backstroke. Of course, I cannot swim as quickly as the Olympic athletes do, but when competing with my friends, I won many championships. I could not remember when I learnt to swim. I taught myself. In most cases, you can learn well if you like the skills.

➡️自由泳	zìyóuyǒng	freestyle
蝶泳	diéyǒng	butterfly stroke
蛙泳	wāyǒng	breaststroke
仰泳	yǎngyǒng	backstroke
奥运选手	Àoyùn xuǎnshǒu	Olympic athlete (player)

也许你需要
You will probably need these words

泳姿	yǒngzī	swimming posture
潜泳	qiányǒng	underwater swimming
泳衣	yǒngyī	swimming clothes
泳帽	yǒngmào	swimming cap
泳裤	yǒngkù	swimming trunks

还有几句话 A few more sentences

■ 学 游泳 的 年龄 越 小，学 得
Xué yóuyǒng de niánlíng yuè xiǎo, xué de

越 快。
yuè kuài.

The younger one learns to swim, the faster one masters the skill.

■ 游泳 运动员 的 身材 都
Yóuyǒng yùndòngyuán de shēncái dōu

那么 完美。
nàme wánměi.

The statures of all swimming athletes are so perfect.

 7 听音乐会　　Tīng Yīnyuèhuì

Listening to a Concert

记住这些句型 Remember the sentence patterns

■ 这 是 自然 的。

Zhè shì zìrán de.

It is natural.

■ 不 一样，绝对 不 一样。

Bù yíyàng, juéduì bù yíyàng.

(It is) not the same, absolutely not the same.

■ 跟…… 完全 一样 的……

Gēn…… wánquán yíyàng de……

… which is exactly the same as …

■ 我 只 ……过 两三 次……

Wǒ zhǐ …… guo liǎng-sān cì……

I have … for only two or three times.

王东和于西 Wang Dong and Yu Xi

王东：每 次 有 流行 歌手 开
Měi cì yǒu liúxíng gēshǒu kāi

演唱会， 总 是 人 山 人 海、
yǎnchànghuì, zǒng shì rén shān rén hǎi、

场场 爆满，怎么 这 种
chǎngchǎng bàomǎn, zěnme zhè zhǒng

音乐会，就 冷清 得 多?
yīnyuèhuì, jiù lěngqīng de duō?

When there is a concert of a pop music sing-
er, the theatre is always filled to capacity
with a huge crowd of people. Why such a
concert is so poorly attended?

于西：这 是 自然 的。歌迷 永远 比
Zhè shì zìrán de. Gēmí yǒngyuǎn bǐ

乐迷 多。
yuèmí duō.

It is natural. There are always more song
funs than music funs.

王东：我 也 有 一 份 责任。我 不 喜欢
Wǒ yě yǒu yí fèn zérèn. Wǒ bù xǐhuan

流行 歌曲，爱 听 古典 音乐，
liúxíng gēqǔ, ài tīng gǔdiǎn yīnyuè,

可 加上 今天，我 也 只 听过
kě jiāshang jīntiān, wǒ yě zhǐ tīngguo

三四 次 音乐会。
sān-sì cì yīnyuèhuì.

I am also responsible for that. I prefer classical music rather than pop songs, but I have went to concerts only three or four times so far.

于西：一般 你 只 听 古典 音乐 的 CD
Yìbān nǐ zhǐ tīng gǔdiǎn yīnyuè de CD

和 磁带，是 吧?
hé cídài, shì ba?

You listen to CD and tapes more often, don't you?

王东：是 啊! 我 总 觉得 听 音乐会
Shì a! Wǒ zǒng juéde tīng yīnyuèhuì

和 听 CD 的 效果 是 一样 的，
hé tīng CD de xiàoguǒ shì yíyàng de,

听 音乐会 还 麻烦。
tīng yīnyuèhuì hái máfan.

Yes! I always think that there makes no difference between listening to a CD and going to a concert, and furthermore, it takes more trouble to go to a concert.

于西：不 一样，效果 绝对 不 一样。
Bù yíyàng, xiàoguǒ juéduì bù yíyàng.

Not the same, absolutely not the same in effect.

王东：是 啊，今天 我 听 出来 了。
Shì a, jīntiān wǒ tīng chūlai le.

You are right. I've realized this today.

于西：以前 你 也 参加过 音乐会，
Yǐqián nǐ yě cānjiāguo yīnyuèhuì,

怎么 没 这 种 感觉？
zěnme méi zhè zhǒng gǎnjué?

You attended concerts before, why didn't you have such a feeling?

王东：因为 我 有 一 张 跟 今天 的
Yīnwèi wǒ yǒu yì zhāng gēn jīntiān de

曲目 完全 一样 的 CD。
qǔmù wánquán yíyàng de CD.

Because I have a piece of CD whose repertoires are exactly the same as those of today's concert.

➡人山人海	rén shān rén hǎi	huge crowd of people
爆满	bàomǎn	be filled to capacity
冷清	lěngqīng	be poorly attended
曲目	qǔmù	repertoire
效果	xiàoguǒ	effect

王东 Wang Dong

我 清楚 地 记得 第一次 去 听
Wǒ qīngchu de jìde dì-yī cì qù tīng

音乐会 的 情景。那 是 一个 国外
yīnyuèhuì de qíngjǐng. Nà shì yí ge guówài

的 交响乐团 来 北京 演出。
de jiāoxiǎngyuètuán lái Běijīng yǎnchū.

出发 之前，我 特意 穿上了 白白
Chūfā zhīqián, wǒ tèyì chuānshangle báibái

的 衬衫，打了 领带，还 把 皮鞋 擦
de chènshān, dǎle lǐngdài, hái bǎ píxié cā

得 像 镜子 一样 亮。到了 剧场，
de xiàng jìngzi yíyàng liàng. Dàole jùchǎng,

才 发现 人群 中 只有 我 穿 得
cái fāxiàn rénqún zhōng zhǐyǒu wǒ chuān de

这么 正式。我 感到 很 不 自在，
zhème zhèngshì. Wǒ gǎndào hěn bú zìzài,

恨不得 灯光 转 暗，音乐会
hènbude dēngguāng zhuǎn àn, yīnyuèhuì

马上 开始!
mǎshàng kāishǐ!

I still remember clearly the scene when I first went to a concert. It was performed by a foreign symphony orchestra in Beijing. I specially put on a white shirt and a tie, and polished my leather shoes as bright as a mirror before I set out. When I arrived I found that I was the only person who dressed so formal. I felt very uneasy, wishing the lights would dim down and the performance begin as soon as possible.

➡交响乐团	jiāoxiǎngyuètuán	symphony orchestra
演出	yǎnchū	performance; show
擦	cā	clean; rub; polish
不自在	bú zìzài	uneasy
转暗	zhuǎn àn	dim down

也许你需要
You will probably need these words

序曲	xùqǔ	overture
嘘声	xūshēng	catcall; hiss; shush
谢幕	xiè mù	to answer or respond to a curtain call
指挥	zhǐhuī	conduct; conductor

还有几句话 A few more sentences

■ 如果 不喜欢，不要 勉强 自己
Rúguǒ bù xǐhuan, bú yào miǎnqiǎng zìjǐ

去 听 音乐会。不然，你 很 可能
qù tīng yīnyuèhuì. Bùrán, nǐ hěn kěnéng

在 座位 上 睡着，最后 被
zài zuòwèi shang shuìzháo, zuìhòu bèi

观众 的 掌声 惊醒。
guānzhòng de zhǎngshēng jīngxǐng.

Don't go to a concert reluctantly if you don't like it. Otherwise, you will probably fall into sleep in your seat, and be waken up by the applause of the audience.

音乐，特别 是 古典 音乐 能 治
Yīnyuè, tèbié shì gǔdiǎn yīnyuè néng zhì

病，你 相信 吗?
bìng, nǐ xiāngxìn ma?

Do you believe that music, especially classical music, can cure diseases?

8 蹦极

Bèngjí

Bungee-jumping

记住这些句型 Remember the sentence patterns

■ 什么 时候我也能……?

Shénme shíhou wǒ yě néng……?

When can I also ... ?

■ 亲自…… 一 回。

Qīnzì…… yì huí.

... by oneself

■ 不……，怎么 能……?

Bù ……, zěnme néng……?

How can ... without ... ?

■ 你 想 去 试试?

Nǐ xiǎng qù shìshi?

Do you want to have a try?

王东和于西 Wang Dong and Yu Xi

王东：几 年 前 在 电视
Jǐ nián qián zài diànshì

上 看到 的 西方
shang kàndào de xīfāng

年轻 人 爱 玩儿
niánqīng rén ài wánr

的 蹦极，在 北京
de bèngjí, zài Běijīng

也 有 了！
yě yǒu le!

I saw a TV program of Bungee-jumping of the Western young people several years ago, and now it also appears in Beijing!

于西：你 想 去 试试？
Nǐ xiǎng qù shìshi?

Do you want to have a try?

王东：太 想 了！以前 看 电视 的
Tài xiǎng le! Yǐqián kàn diànshì de

时候， 我 还 遗憾 呢： 什么
shíhou, wǒ hái yíhàn ne: Shénme

时候 我 也 能 跳上 一 次?
shíhou wǒ yě néng tiàoshang yí cì?

Yes, very. I felt pity when I watched TV,
wondering when I could jump myself.

于西：看 别人 玩儿， 可以； 轮到
Kàn biéren wánr, kěyǐ; lúndào

自己， 行 吗?
zìjǐ, xíng ma?

It is good to be an onlooker, but aren't you
afraid of being a partaker?

王东：不 亲自 跳 一 回， 怎么 能
Bù qīnzì tiào yì huí, zěnme néng

体会 像 鸟 一样 飞翔
tǐhuì xiàng niǎo yíyàng fēixiáng

的 滋味?
de zīwèi?

How could you experience the feeling of
flying like a bird in the sky without jumping
by yourself?

于西：鸟 在 空中 飞 的 时候，脚
Niǎo zài kōngzhōng fēi de shíhou, jiǎo

上 可没系着 绳子。
shang kě méi jìzhe shéngzi.

But there are no security belts when birds are flying in the sky.

➡️蹦极	bèngjí	bungee-jumping
轮到	lúndào	in turn, it is one's turn to ...
飞翔	fēixiáng	to fly
系	jì	to tie; to fasten
绳子	shéngzi	rope; cord

王东 Wang Dong

说 真 的， 当 系好了 安全
Shuō zhēn de, dāng jìhǎole ānquán

绳， 站 在 蹦极台 边 上 的
shéng, zhàn zài bèngjítái biān shang de

时候，我 的 心 跳 得 厉害。但我 不
shíhou, wǒ de xīn tiào de lìhai. Dàn wǒ bù

想 放弃这 种 证明 自己 的
xiǎng fàngqì zhè zhǒng zhèngmíng zìjǐ de

胆量、 体会 自由落体 滋味 的 机会。
dǎnliàng、 tǐhuì zìyóuluòtǐ zīwèi de jīhuì.

而且，我 还 想到， 假如 放弃，我
Érqiě, wǒ hái xiǎngdào, jiǎrú fàngqì, wǒ

回去 以后 怎么 跟 朋友们 讲?
huíqu yǐhòu zěnme gēn péngyoumen jiǎng?

所以，我 一 咬 牙，一 闭 眼， 跳
Suǒyǐ, wǒ yì yǎo yá, yí bì yǎn, tiào

下去 了!
xiàqu le!

To tell the truth, when I was tied to the se-
curity belt and stood on the edge of the jumping
board, my heart beat fast. But I didn't want to
give up the chance of testifying my courage and
experiencing the feeling of a free-falling body. I
also thought, "What could I say to my friends if I
gave it up?" So, I jumped down with the eyes
closed and teeth gnashed.

➡厉害	lìhai	terrible; serious
自由落体	zìyóuluòtǐ	free-falling body
咬牙	yǎo yá	to gnash one's teeth
闭眼	bì yǎn	to close one's eyes

也许你需要
You will probably need these words

心脏	xīnzàng	heart
保险	bǎoxiǎn	security;
		insurance; safe
弹性	tánxìng	flexibility
鼓励	gǔlì	to encourage

还有几句话 A few more sentences

■ 有 的 女孩子 在 给 她 系 安全
Yǒu de nǚháizi zài gěi tā jì ānquán

绳 的 时候，就 吓 得 哭 起来。
shéng de shíhou, jiù xià de kū qǐlai.

Some girls burst into tears when they are fastened to the security belts.

■ 很 多 事 第一 次 总 是 最 难 的，
Hěn duō shì dì-yī cì zǒng shì zuì nán de,

蹦极 也 是 这样。
bèngjí yě shì zhèyàng.

Everything is hard in the beginning, let alone bungee-jumping.

9 开车兜风

Kāi Chē Dōu Fēng

Going for a Drive

记住这些句型 Remember the sentence patterns

■ 你 什么 时候······ 的······?

Nǐ shénme shíhou········ de······?

When did you ...?

■ 我 只有······，没有······

Wǒ zhǐyǒu······，méiyǒu······

I have only ...,but not ...

■ 这 你 尽管 放心。

Zhè nǐ jǐnguǎn fàng xīn.

Don't worry about it. (Take it easy.)

■ 今天 是你 第一 天······

Jīntiān shì nǐ dì-yī tiān······

Today is the first day you ...

王东和于西 Wang Dong and Yu Xi

王东： 于 西！我 考到 驾照 了，今天
Yú Xī! Wǒ kǎodào jiàzhào le, jīntiān

开车 带 你 去 兜兜 风！
kāi chē dài nǐ qù dōudou fēng!

I've got my driver's license, Yu Xi! We'll
go for a drive today.

于西： 你 什么 时候 买 的 车？我
Nǐ shénme shíhou mǎi de chē? Wǒ

怎么 不 知道？
zěnme bù zhīdào?

I didn't know when you bought a car.

王东：我 只有 一 辆 自行车， 没有
Wǒ zhǐyǒu yí liàng zìxíngchē, méiyǒu

汽车。不过，我 可以 借 呀！有
qìchē. Búguò, wǒ kěyǐ jiè ya! Yǒu

个 朋友 今天 不 用 车， 答应
ge péngyou jīntiān bú yòng chē, dāying

借 给 我。
jiè gěi wǒ.

I have only a bicycle, but not a car. Never-
theless, I can borrow from my friend. A
friend of mine will not drive today and he
promised to lend his car to me.

于西：太 好 了！在 高速 公路 上
Tài hǎo le! Zài gāosù gōnglù shang

高速 向 前， 风 "呼呼" 地
gāosù xiàng qián, fēng "hūhū" de

灌进 车 里， 这 种 感觉
guànjìn chē li, zhè zhǒng gǎnjué

肯定 过 瘾！ 等等！ 你 的 开
kěndìng guò yǐn! Děngdeng! Nǐ de kāi

车 技术 怎么样？
chē jìshù zěnmeyàng?

That's great! Driving on the expressway

with a high speed is surely wonderful, with the wind whistling into the car. Wait a minute! How about your skill?

王东: 这 你 尽管 放 心! 我 还 没
Zhè nǐ jǐnguǎn fàng xīn! Wǒ hái méi

出过 事故 呢!
chūguo shìgù ne!

Take it easy! I have never had a traffic accident.

于西: 对，因为 今天 是 你 第一 天 开
Duì, yīnwèi jīntiān shì nǐ dì-yī tiān kāi

车 上 路!
chē shàng lù!

Of course! This is your first drive today.

➡ 驾照　　　jiàzhào　　　driver's license
兜风　　　dōu fēng　　　to go for a drive
高速公路　gāosù gōnglù　expressway
过瘾　　　guò yǐn　　　enjoy oneself
　　　　　　　　　　　　to the full
出事故　　chū shìgù　　to have an accident

王东 Wang Dong

现代 人 没有 车 怎么 行?
Xiàndài rén méiyǒu chē zěnme xíng?

虽然 北京 交通 拥挤, 高峰 时间
Suīrán Běijīng jiāotōng yōngjǐ, gāofēng shíjiān

汽车 还 不 如 自行车 快, 但是 想
qìchē hái bù rú zìxíngchē kuài, dànshì xiǎng

有 一 辆 属于 自己 的 车 的 人
yǒu yí liàng shǔyú zìjǐ de chē de rén

还是 越 来 越 多。即使 短 时间 内
háishi yuè lái yuè duō. Jíshǐ duǎn shíjiān nèi

买 不 起 车, 拿到 驾驶 执照 也 是
mǎi bu qǐ chē, nádào jiàshǐ zhízhào yě shì

非常 必要 的。比如 我, 有 了 驾照
fēicháng bìyào de. Bǐrú wǒ, yǒule jiàzhào

后, 有 机会 开 一下儿 朋友 的 车,
hòu, yǒu jīhuì kāi yíxiàr péngyou de chē,

也 很 满足 了。
yě hěn mǎnzú le.

Modern people cannot do without cars.
Though the traffic is so heavy in Beijing that it is
even slower to drive than go by bicycle during the

rush hours, more and more people want to have cars of their own. And it is very necessary to be licensed even if one cannot afford to buy a car soon. For example, after getting a license I am satisfied to drive my friend's car occasionally.

➡交通　　　　　jiāotōng　　　　　traffic
高峰时间　　　gāofēng shíjiān　　rush hour
属于　　　　　shǔyú　　　　　　of; belong to
必要　　　　　bìyào　　　　　　necessary

也许你需要
You will probably need these words

交警　　　　　jiāojǐng　　　　　traffic police
红绿灯　　　　hónglǜdēng　　　　traffic lights;
　　　　　　　　　　　　　　　　traffic signals
拐弯　　　　　guǎi wān　　　　　to turn a corner
时速　　　　　shísù　　　　　　speed

还有几句话 A few more sentences

■ 中国 是 自行车 王国, 有 一
Zhōngguó shì zìxíngchē wángguó, yǒu yì

天 也 会 变成 汽车 王国。
tiān yě huì biànchéng qìchē wángguó.

China, a kingdom of bicycles, will also become a kingdom of automobiles one day.

■ 应该 让 那些 爱 超速 行驶 的
Yīnggāi ràng nàxiē ài chāosù xíngshǐ de

人 去 当 赛车 运动员。
rén qù dāng sàichē yùndòngyuán.

Those who like speeding should take part in automobile races.

10 活动一下儿

Huódòng Yíxiàr

Doing Exercises

记住这些句型 Remember the sentence patterns

■ 是 不 是…… 了 点儿?

Shì bu shì…… le diǎnr?

Do you think … a bit … ?

■ 不 是……，是……

Bú shì……,　　shì……

not … , but …

■ 难怪……

Nánguài……

it is no wonder that …

■ ……得 让 人 认 不 出来。

…… de ràng rén rèn bu chūlái.

too … to be recognized

王东和于西 Wang Dong and Yu Xi

王东：于西，你看我这些日子是不
Yú Xī, nǐ kàn wǒ zhèxiē rìzi shì bu

是胖了点儿?
shì pàng le diǎnr?

Do you think if I am a bit fat these days, Yu Xi?

于西：不是胖了点儿，是胖了
Bú shì pàng le diǎnr, shì pàng le

很多!
hěn duō!

Not a bit, but rather a lot.

王东：老天！　难怪　我　现在　上　四
Lǎotiān! Nánguài wǒ xiànzài shàng sì

层　楼　都　累得　直　喘　气。
céng lóu dōu lèi de zhí chuǎn qì.

Oh, Jesus Christ! It is no wonder that I am out of breath when I go up to the fourth floor now.

于西：你　吃得　多，又　爱　睡　觉，要是
Nǐ chī de duō, yòu ài shuì jiào, yàoshi

再　不　运动，你　就　会　胖　得
zài bú yùndòng, nǐ jiù huì pàng de

让　人　认　不　出来　了！
ràng rén rèn bu chūlái le!

You eat too much and like sleeping, if you don't do exercises, you will be too fat to be recognized.

王东：这　太　可怕　了！……　你　现在
Zhè tài kěpà le! …… Nǐ xiànzài

有　时间　吗？
yǒu shíjiān ma?

It is so terrible! ... Are you free now?

于西：怎么 了？

Zěnme le?

Why ?

王东：跟 我 去 打 羽毛球！

Gēn wǒ qù dǎ yǔmáoqiú!

Play badminton with me!

于西：羽毛球 我 打 得 不 好，还是 去

Yǔmáoqiú wǒ dǎ de bù hǎo, háishi qù

打 乒乓球 吧。

dǎ pīngpāngqiú ba.

I am not good at playing badminton. Let's play table tennis.

王东：不 行 不 行，一定 得 打

Bù xíng bù xíng, yídìng děi dǎ

羽毛球。 听说 打 羽毛球

yǔmáoqiú. Tīngshuō dǎ yǔmáoqiú

消耗 的 脂肪 最 多！

xiāohào de zhīfáng zuì duō!

No, no. We must play badminton. It is said that it is the most fat-consuming exercise.

→老天　　lǎotiān　　　　Jesus Christ
　喘气　　chuǎn qì　　　　breath; breathe
　消耗　　xiāohào　　　　 to consume
　脂防　　zhīfáng　　　　 fat

王东　Wang Dong

校园　里　有　不　少　　运动
Xiàoyuán li yǒu bù shǎo yùndòng

场地：　　足球场、　　　网球场、
chǎngdì: zúqiúchǎng、 wǎngqiúchǎng、

排球场、　　篮球场，　还　有　设施
páiqiúchǎng、 lánqiúchǎng, hái yǒu shèshī

齐全　的　健身房，要　想　　运动、
qíquán de jiànshēnfáng, yào xiǎng yùndòng、

健身　真　是　太　方　便　了。可是，
jiànshēn zhēn shì tài fāngbiàn le. Kěshì,

人　总　有　惰性。我　就　　　常常
rén zǒng yǒu duòxìng. Wǒ jiù chángcháng

找　各　种　借口　占用　锻炼　的
zhǎo gè zhǒng jièkǒu zhànyòng duànliàn de

时间。比如下个星期要考试了，
shíjiān. Bǐrú xià ge xīngqī yào kǎoshì le,

今天 有点儿 困，外边 在 刮 风 呢
jīntiān yǒudiǎnr kùn, wàibiān zài guā fēng ne

等等。 结果，慢慢 地，讨厌 的
děngdeng. Jiéguǒ, mànman de, tǎoyàn de

脂防 不 知 不 觉 就 成了 赶 不 走
zhīfáng bù zhī bù jué jiù chéngle gǎn bu zǒu

的 朋友。
de péngyou.

There are many playgrounds on the campus, such as a field and the courts of tennis, basketball and volleyball. And there is also a gymnasium with all kinds of instruments. It is very convenient for sports and body-building. But, as human beings always have passivity, I often occupy the time for sports with all kinds of excuses, such as the next-week exam, tiredness and the wind outside. As a result, the annoying fat has unconsciously become a friend that cannot be cast off.

➡场地	chǎngdì	field, ground
齐全	qíquán	complete
惰性	duòxìng	passivity
借口	jièkǒu	excuse; pretence
不知不觉	bù zhī bù jué	unconsciously

也许你需要
You will probably need these words

耐力	nàilì	stamina; endurance
体重	tǐzhòng	(body) weight
体质	tǐzhì	physique; constitution
裁判	cáipàn	referee; judgment

还有几句话 A few more sentences

■ 运动 比 任何 减肥药 都 有效。
Yùndòng bǐ rènhé jiǎnféiyào dōu yǒuxiào.

Sport is more effective than any fat-deduction medicine.

■ 很 多 人 爱好 体育，表现 是
Hěn duō rén àihào tǐyù, biǎoxiàn shì
他们 整天 坐 在 沙发 里 看
tāmen zhěngtiān zuò zài shāfā li kàn
电视 的 体育 节目，他们 从来 没
diànshì de tǐyù jiémù, tāmen cónglái méi
打算 亲自 上 场 活动 活动。
dǎsuan qīnzì shàng chǎng huódòng huódòng.

71

Many people like sports, but they only like watching sport programs in sofa the whole day, never wanting to go to the playground to do some exercises by themselves.

11 种花

Zhòng Huā

Planting Flowers

记住这些句型 Remember the sentence patterns

■ 像 什么……啊，……啊，还有……
Xiàng shénme……a, ……a, hái yǒu……
such as … , … and …

■ 为了……，……
Wèile……, ……
in order to … , …

■ 那 就 算 了 吧。
Nà jiù suàn le ba.
Let it be.

■ 以前 也…… 过。
Yǐqián yě…… guo.
… in the past

王东和于西 Wang Dong and Yu Xi

王东：嗨！ 我 妈妈 春天 种 的
Hēi! Wǒ māma chūntiān zhòng de

牵牛花 开 花 了，粉 的、紫
qiānniúhuā kāi huā le, fěn de, zǐ

的，爬满了 阳台， 真 漂亮！
de, pámǎnle yángtái, zhēn piàoliang!

Hey! The morning-glories that my mother
planted in the spring are blossoming now.
The terrace is covered with pink and purple
flowers. They are so beautiful.

于西：我们 家 以前 也 种过，
Wǒmen jiā yǐqián yě zhòngguo,

牵牛花　好活，多　浇　水　就
qiānniúhuā hǎo huó, duō jiāo shuǐ jiù

行　了。
xíng le.

We planted morning-glories in the past. They only need much water, and can live easily.

王东：是　啊！我　妈妈　从前　种过　不
Shì a! Wǒ māma cóngqián zhòngguo bù

少，　像　什么　栀子花　啊，金橘
shǎo, xiàng shénme zhīzihuā a, jīnjú

啊，还有　向日葵，全　死　了，就
a, hái yǒu xiàngrìkuí, quán sǐ le, jiù

这　牵牛花　种成　了！
zhè qiānniúhuā zhòngchéng le!

Yes, my mother planted many flowers in the past, such as gardenia, kumquat and sun flower, but they all died, only morning-glory survived. /But they were all dead except morning-glory.

于西：家　里　种　点儿　花花草草　的，
Jiā li zhòng diǎnr huāhua-cǎocǎo de,

确实　让　人　心情　愉快。
quèshí ràng rén xīnqíng yúkuài.

It is really pleasant to plant some flowers at home.

王东：那 你们 家 现在 怎么 不 种
Nà nǐmen jiā xiànzài zěnme bú zhòng

牵牛花 了？
qiānniúhuā le?

Why don't you plant morning-glories at home now?

于西：现在 不是 水 资源 紧张 吗？
Xiànzài bú shì shuǐ zīyuán jǐnzhāng ma?

为了 节约 用 水，我们 家 改
Wèile jiéyuē yòng shuǐ, wǒmen jiā gǎi

种 仙人掌 了，半 个 月 不
zhòng xiānrénzhǎng le, bàn ge yuè bù

浇 水 也 没 关系。
jiāo shuǐ yě méi guānxi.

Don't you know that water resources are in shortage now? We plant cactus in order to save water. It doesn't matter even you don't water it for half a month.

王东：我 原来 还 打算 在 宿舍 窗台
Wǒ yuánlái hái dǎsuan zài sùshè chuāngtái

种 一 盆 牵牛花 呢，听 你
zhòng yì pén qiānniúhuā ne, tīng nǐ
这么 一 说，那 就 算了吧!
zhème yì shuō, nà jiù suàn le ba!

I planned to plant a pot of morning-glory on
the windowsill of my dormitory. Since it is
so, let it be then.

➡牵牛花　　qiānniúhuā　　morning-glory
栀子花　　zhīzihuā　　gardenia
金橘　　jīnjú　　cumquat; kumquat
仙人掌　　xiānrénzhǎng　cactus

于西　Yu Xi

现在 城市 里 的 人 大多 都
Xiànzài chéngshì li de rén dàduō dōu
住 在 高层 建筑 里，离 树木、
zhù zài gāocéng jiànzhù li, lí shùmù、
草地 越 来 越 远，只能 在 家 里
cǎodì yuè lái yuè yuǎn, zhǐnéng zài jiā li
种 一些 小型 的 盆栽，像 米兰
zhòng yìxiē xiǎoxíng de pénzāi, xiàng mǐlán

啊、巴西木 啊、茉莉花 啊 什么 的。
a、 bāxīmù a、 mòlìhuā a shénme de.

这 说明 不管 社会 多么 进步
Zhè shuōmíng bùguǎn shèhuì duōme jìnbù

发达，人们 的 天性 是 爱 自然、爱
fādá, rénmen de tiānxìng shì ài zìrán、 ài

绿色 的。
lùsè de.

Most townspeople live in high-rise buildings now, which are far from trees and grassplots. They can only plant some small potted plants at their homes, such as chu-lan tree, brazilwood and jasmine. This shows people are born to love nature and green however the society progresses or develops.

➡高层建筑　gāocéng jiànzhù　high-rise building

　小型　　　xiǎoxíng　　　small; minitype

　盆栽　　　pénzāi　　　　potted plant

　米兰　　　mǐlán　　　　 chu-lan tree

　巴西木　　bāxīmù　　　 brazil wood

　茉莉花　　mòlìhuā　　　jasmine

You will probably need these words

肥料	féiliào	fertilizer；manure
栽	zāi	to plant
花籽	huāzǐ	flower seed
花盆	huāpén	flowerpot；garden pot

还有几句话 A few more sentences

■ 有的 花儿 喜欢 干燥，有的 花儿
Yǒude huār xǐhuan gānzào, yǒude huār

喜欢 湿润，养 花 也 要 技术。
xǐhuan shīrùn, yǎng huā yě yào jìshù.

Planting flowers also needs skills, for some flowers like dry environment, while others like mild and wet environment.

■ 据说 世界 上 白色 的 花儿 种类
Jùshuō shìjiè shang báisè de huār zhǒnglèi

最 多。
zuì duō.

It is said that white flowers are greatest in kind in the world.

12 骑马

Qí Mǎ

Riding Horses

记住这些句型 Remember the sentence patterns

■ 刚 ……就……

Gāng ……jiù……

hardly ... when ...

■ 是……, 而 不 是……

Shì……, ér bú shì……

It is ... rather than ...

■ ……, 否则, ……就……

……, fǒuzé, ……jiù……

..., otherwise ...

■ 那 只能 说……

Nà zhǐnéng shuō……

that means everything than ... ; ... can say nothing but ...

王东和于西 Wang Dong and Yu Xi

王东：于 西，脚 受 伤 了？怎么 走
Yú Xī, jiǎo shòu shāng le? Zěnme zǒu

路 瘸 了？
lù qué le?

Why do you walk with a limp, Yu Xi? Is
there anything wrong with your foot?

于西：周末 跟 朋友 去 郊区骑马
Zhōumò gēn péngyou qù jiāoqū qí mǎ

玩儿， 刚 上 马背，就被它
wánr, gāng shàng mǎbèi, jiù bèi tā

甩　下来了。
shuǎi xiàlai　le.

I went to the suburbs to ride horses on the weekend. I had hardly been on the horse-back when I was thrown off.

王东：嗬，看来是匹烈马！
Hē, kànlái shì pǐ lièmǎ!

Aha! It seems that it is a fiery steed!

于西：不对啊！马主人看我瘦弱，
Bú duì a! Mǎ zhǔrén kàn wǒ shòuruò,

特意给我挑了匹温和的。
tèyì gěi wǒ tiāole pǐ wēnhé de.

No. The host chose a facile one especially for me because I looked frail.

王东：那只能说你跟马没有
Nà zhǐnéng shuō nǐ gēn mǎ méiyǒu

缘分，成不了朋友。
yuánfèn, chéng bu liǎo péngyou.

That means everything than that you are lucky to be a friend of horses.

于西：摔 下来 以后，我 想： 幸亏
Shuāi xiàlai yǐhòu, wǒ xiǎng：Xìngkuī
现在 的 交通 工具 是 汽车 而
xiànzài de jiāotōng gōngjù shì qìchē ér
不 是 马，否则，我 就 哪儿 也 去
bú shì mǎ, fǒuzé, wǒ jiù nǎr yě qù
不 了 了。
bu liǎo le.

I was thinking after that it was fortunate
that we took automobiles rather than horses
as vehicles now, otherwise I could go no-
where.

→瘸	qué	limp
甩	shuǎi	to throw off; swing; throw; toss
烈马	lièmǎ	fiery steed
缘分	yuánfèn	lot; luck; fate
否则	fǒuzé	otherwise; or else

于西 **Yu Xi**

马 和 人类 的 关系 一直 很 近。
Mǎ hé rénlèi de guānxi yìzhí hěn jìn.

古 时候 是 战争 工具 和 交通
Gǔ shíhou shì zhànzhēng gōngjù hé jiāotōng

工具，现在 除了 在 草原 上 还
gōngjù, xiànzài chúle zài cǎoyuán shang hái

是 交通 工具 以外，在 许多 地方
shì jiāotōng gōngjù yǐwài, zài xǔduō dìfang

已经 变成了 娱乐 工具 和
yǐjing biànchéngle yúlè gōngjù hé

观赏 动物 了。不过，好像 人
guānshǎng dòngwù le. Búguò, hǎoxiàng rén

和 马 的 关系 没有 从前 那么
hé mǎ de guānxi méiyǒu cóngqián nàme

亲密 了。在 我 周末 去 玩儿 的
qīnmì le. Zài wǒ zhōumò qù wánr de

那个 度假村，骑过 马 的 人 不 多，
nàge dùjiàcūn, qíguo mǎ de rén bù duō,

会 骑马 的 人 就 更 少。有 一 个
huì qí mǎ de rén jiù gèng shǎo. Yǒu yí ge

孩子，第一 次 看见 真正 的 马，
háizi, dì-yī cì kànjiàn zhēnzhèng de mǎ,

居然 吓 得 大 哭 起来！
jūrán xià de dà kū qǐlai!

Horse has been on intimate terms with human beings all along. It used to be a tool for war and traffic in ancient times, but now it has become an animal for amusement and appreciation in many places except on grassland, where it is still used as a means of transport. The relationship between horse and human beings, however, is not so intimate as before. There were not so many people who had ever rode horses in the holiday village which I went on the weekend, let alone those who could ride. There was a child who was even scared to tears when he saw real horses for the first time!

➡战争	zhànzhēng	war
度假村	dùjiàcūn	holiday village
亲密	qīnmì	intimate
吓	xià	scare; frighten
大哭	dà kū	burst into tears

也许你需要
You will probably need these words

马镫	mǎdèng	stirrup
马鞍	mǎ'ān	saddle
骑手	qíshǒu	rider
缰绳	jiāngshéng	halter; reins

还有几句话 A few more sentences

■ 内蒙古　草原　上　的　人们　离
Nèiměnggǔ cǎoyuán shang de rénmen lí

不开马，内蒙古　民歌　也　大多　和
bu kāi mǎ, Nèiměnggǔ míngē yě dàduō hé

马　有　关系。
mǎ yǒu guānxi.

Horse is indispensable to the people who live on the Inner Mongolia's grassland, and the local folk songs are mostly related to it.

■ 奥运会　上　的　马术　比赛　是　最
Àoyùnhuì shang de mǎshù bǐsài shì zuì

昂贵　的　一　项　比赛。
ángguì de yí xiàng bǐsài.

Horsemanship race is the most costly match on the Olympic Games.

13 打保龄球

Dǎ Bǎolíngqiú

Playing Bowling

记住这些句型 **Remember the sentence patterns**

■从来 没有 的……

Cónglái méiyǒu de……

... for the first time; ... never before

■…… 跟 我 这么 接近。

…… gēn wǒ zhème jiējìn.

... so close to me

■带着…… 的 心情 来 的。

Dàizhe…… de xīnqíng lái de.

to come in a mood of ...

■看 我 的!

Kàn wǒ de!

Let me try!

王东和于西 Wang Dong and Yu Xi

王东：今天 你 发挥 得 不好，是 不 是
Jīntiān nǐ fāhuī de bù hǎo, shì bu shì

跟 我 在 一起 打 保龄球，
gēn wǒ zài yìqǐ dǎ bǎolíngqiú,

有点儿 紧张?
yǒudiǎnr jǐnzhāng?

You played not so well as before. Were you a bit nervous to play bowling with me today?

于西：今天 主要 是 运气 不 够 好，
Jīntiān zhǔyào shì yùnqì bú gòu hǎo,

总 是 剩下 一 个 瓶!
zǒng shì shèngxià yí ge píng!

I was so unlucky today that there was always one bottle left.

王东：我 今天 运气 比较 好，打出了
Wǒ jīntiān yùnqì bǐjiào hǎo, dǎchūle

从来 没有 的 高分。
cónglái méiyǒu de gāo fēn.

But I was lucky today to achieve so high a score for the first time.

于西: 是 啊! 没 想到 你 这个 只
Shì a! Méi xiǎngdào nǐ zhège zhǐ

打过 三 次 保龄球 的 人, 分数
dǎguo sān cì bǎolíngqiú de rén, fēnshù

跟 我 这么 接近。
gēn wǒ zhème jiējìn.

Yeah! It is surprising that your score is so close to mine, yet you have only played bowling for three times.

王东: 还 有 一 个 原因 是: 我 今天
Hái yǒu yí ge yuányīn shì: Wǒ jīntiān

是 带着 向 你 学习 的 心情
shì dàizhe xiàng nǐ xuéxí de xīnqíng

来 的, 所以 就 很 放松, 很
lái de, suǒyǐ jiù hěn fàngsōng, hěn

虚心。 人 虚心 学习 就
xūxīn. Rén xūxīn xuéxí jiù

会 成功。
huì chénggōng.

There is another reason that I came to play in a

mood of learning from you today, so I was very relaxed and with an open mind. It is easy to succeed if you are modest in learning.

于西：好 啦，别 说 了，看 我 的！这
Hǎo la, bié shuō le, kàn wǒ de! Zhè

一轮我 肯定 能 打好！
yì lún wǒ kěndìng néng dǎhǎo!

All right, let it be then! Let me try! I am sure to do it well this time.

→ 发挥	fāhuī	to bring into play; to give play to
剩下	shèngxia	to leave; to spare
接近	jiējìn	to be close to; to approach; be near
虚心	xūxīn	open mind; modest; modesty
分数	fēnshù	score; mark

王东　Wang Dong

打 保龄球 是一 项　年轻 人
Dǎ bǎolíngqiú shì yí xiàng niánqīng rén

喜爱 的 运动。 它 刚 在　　中国
xǐ'ài　de yùndòng. Tā gāng zài Zhōngguó

出现 时，属于 高 消费 的　活动，
chūxiàn shí, shǔyú gāo xiāofèi de huódòng,

现在　保龄球馆　多了，费用 也
xiànzài bǎolíngqiúguǎn duō le, fèiyòng yě

就 低 了，人们 开始 选择　环境
jiù dī le, rénmen kāishǐ xuǎnzé huánjìng

好、 设备 好、 服务 好 的
hǎo、 shèbèi hǎo、 fúwù hǎo de

保龄球馆 了。而且，我 发现，在
bǎolíngqiúguǎn le. Érqiě, wǒ fāxiàn, zài

看 起来 普普通通 的 玩 保龄 的
kàn qǐlai pǔpu-tōngtōng de wán bǎolíng de

人 中， 高手 特别 多! 像 我 这
rén zhōng, gāoshǒu tèbié duō! Xiàng wǒ zhè

种 水平 的 人，有 时候 真 不
zhǒng shuǐpíng de rén, yǒu shíhou zhēn bù

好意思 在 里边 玩儿。
hǎoyìsi zài lǐbian wánr.

Bowling is a popular sport for young people. It was a high-consumption activity when it first appeared in China. Its cost is lower now with the booming of bowling houses, and people begin to choose those with good environments, high-quality facilities and excellent services. I have also noticed that there are many master-hands among the ordinary players. I sometimes feel embarrassed to play there for my poor skill.

➡高消费	gāo xiāofèi	high consumption
选择	xuǎnzé	to choose; to select; choice
设备	shèbèi	facility; equipment

普普通通 pǔpu-tōngtōng　　ordinary;

common; general

也许你需要
You will probably need these words

球道	qiúdào	lane
滑倒	huádǎo	to slip
全中	quán zhòng	to hit all (bottles)
腰	yāo	waist; middle

还有几句话 A few more sentences

打　保龄球　能　活动　全身　的
Dǎ bǎolíngqiú néng huódòng quánshēn de
许多 部位，增强　手腕、腰部
xǔduō bùwèi, zēngqiáng shǒuwàn, yāobù
及　腿部　力量，是　一　种　很　好
jí tuǐbù lìliàng, shì yì zhǒng hěn hǎo
的　运动。
de yùndòng.

Bowling is a good sport that can exercise many parts of the whole body, and build up the strength of the wrist, waist and leg.

■ 现代 人既 希望 健身，又 想 在
Xiàndài rén jì xīwàng jiànshēn, yòu xiǎng zài

优雅 舒适 的 环境 中， 保龄球
yōuyǎ shūshì de huánjìng zhōng, bǎolíngqiú-

馆 就 正好 适合 这 两 点。
guǎn jiù zhènghǎo shìhé zhè liǎng diǎn.

Bowling house is just a good place for the modern people who want to improve their health and enjoy an exquisite and comfortable environment.

14 集邮

Jí Yóu

Collecting Stamps

记住这些句型 Remember the sentence patterns

■ 你 不 是…… 吗?
Nǐ bú shì…… ma?

Don't you … ; Aren't you … ?

■ 要是 这样, 你 就 会……
Yàoshi zhèyàng, nǐ jiù huì……

If so, you will …

■ 有 的……, 有 的……, 还 有 的……
Yǒu de……, yǒu de……, hái yǒu de……

some … , some … , and some …

■ 打开…… 一 看……
Dǎkāi…… yí kàn……

open … to take a look

王东和于西 Wang Dong and Yu Xi

王东：于西，你不是集邮吗？我这
Yú Xī, nǐ bú shì jí yóu ma? Wǒ zhè
封 信 上 的 邮票 挺
fēng xìn shang de yóupiào tǐng
漂亮， 你要不要？
piàoliang, nǐ yào bu yào?

Don't you collect stamps, Yu Xi? There is a beautiful one on my envelop, do you want it?

于西：是 挺 漂亮， 不过，你 不 知道
Shì tǐng piàoliang, búguò, nǐ bù zhīdào
吗？我 只 收集 新 邮票，旧 的
ma? Wǒ zhǐ shōují xīn yóupiào, jiù de
不要。
bú yào.

It is beautiful indeed. But don't you know that I only collect the new ones instead of the used ones?

王东：嗬！集 邮 还 这么 挑剔！要是
Hē! Jí yóu hái zhème tiāotì! Yàoshi

这样， 你 就 会 错过 很多
zhèyàng, nǐ jiù huì cuòguò hěn duō

好 邮票。
hǎo yóupiào.

Aha! How nit-pick you are! You will miss
many excellent stamps if so.

于西：集邮迷 也 分 几 类， 有的
Jíyóumí yě fēn jǐ lèi, yǒude

专门 收集老的旧的，有的
zhuānmén shōují lǎo de jiù de, yǒu de

专门 收集 人物 的 或者
zhuānmén shōují rénwù de huòzhě

风景 的，还有的 专 集 某
fēngjǐng de, hái yǒu de zhuān jí mǒu

个 年代 的，像 我 嘛，就 只
ge niándài de, xiàng wǒ ma, jiù zhǐ

收 新 的。
shōu xīn de.

There are several kinds of stamp collectors.
Some people only collect old and used ones,
some the ones of figures and landscape, and
some the ones of a certain age. As for me, I
collect only new ones.

王东：集 新 的，不 是 花费 大 吗？
Jí xīn de, bú shì huāfèi dà ma?

Doesn't it cost too much to collect new ones?

于西：花费 虽然 大，可 打开 集邮册 一
Huāfèi suīrán dà, kě dǎkāi jíyóucè yí

看，多 漂亮 啊！
kàn, duō piàoliang a!

Yes it is. But how beautiful it is when you open the stamp albums to take a look!

➡集邮	jí yóu	philately; stamp collecting
挑剔	tiāotì	pick; nit-pick
错过	cuòguò	to let slip; to miss
集邮册	jíyóucè	stamp album; stamp book
类	lèi	kind; type; sort

于西 Yu Xi

在 各 种 喜欢 收集、收藏 的
Zài gè zhǒng xǐhuan shōují、shōucáng de

人 中间， 集邮迷 的 花费 一点儿
rén zhōngjiān, jíyóumí de huāfèi yìdiǎnr

都 不 大，要是 你 愿意， 甚至 可以
dōu bú dà, yàoshi nǐ yuànyì, shènzhì kěyǐ

一 分 钱 都 不 花! 我 爸爸 也
yì fēn qián dōu bù huā! Wǒ bàba yě

集邮，他 的 邮票 全 是 向 别人
jí yóu, tā de yóupiào quán shì xiàng biéren

要来 的。每 次 他 看见 别人 收到
yàolai de. Měi cì tā kànjiàn biéren shōudào

的 信 上 贴着 他 没有 的 邮票，
de xìn shang tiēzhe tā méiyǒu de yóupiào,

就 求 对方 送 给 他， 当然 对方
jiù qiú duìfāng sòng gěi tā, dāngrán duìfāng

一般 都 很 痛快 地 答应 他。 当
yìbān dōu hěn tòngkuài de dāying tā. Dāng

我 爸爸 翻看 他 那 几 本 集邮册 时，
wǒ bàba fānkàn tā nà jǐ běn jíyóucè shí,

他 常 说："这些 都 是 宝贝 啊!"
tā cháng shuō: "Zhèxiē dōu shì bǎobèi a!"

The expenditure of stamp collectors is not great at all among all kinds of people who like collecting. You needn't pay a cent if you want to! My father collects stamps, too. All of his collec-

tions are asked from others. He would ask others
for those stamps that are not in his albums when
he sees them on the envelops. Of course, they
comply with his request readily in most cases.
When he looks at his albums, he often says
"These are all treasures."

➡收集   shōují   to collect; to gather;
                                 to amass

收藏   shōucáng   collection;
                                 to collect; to store up

答应   dāying   to comply with;
                                 to answer; to consent

痛快   tòngkuai   frank and direct

宝贝   bǎobèi   treasure

也许你需要
You will probably need these words

着迷	zháo mí	be fascinated; be enchanted
发行	fāxíng	issue; publish; release
面值	miànzhí	par value
图案	tú'àn	design; pattern

还有几句话 A few more sentences

邮票 就 像 书 一样，能 带给
Yóupiào jiù xiàng shū yíyàng, néng dàigěi

我们 许多 知识。
wǒmen xǔduō zhīshi.

Stamps can give us much knowledge as books do.

除了 真正 的 集邮迷 外，也 有 人
Chúle zhēnzhèng de jíyóumí wài, yě yǒu rén

是 想 靠 邮票 升值来 赚 钱 的。
shì xiǎng kào yóupiào shēngzhí lái zhuàn qián de.

Besides the real stamp collectors, there are also peo-
ple who want to make profit by collecting stamps.

15 我们在聊天

Wǒmen Zài Liáo Tiān

We Are Chatting

记住这些句型 Remember the sentence patterns

■ 最 可怕 的 是……

Zuì kěpà de shì……

It is most terrible that ...

■ 怎么 会有 这样 的……?

Zěnme huì yǒu zhèyàng de……?

How should you have such ...?

■ 我 真 不 明白…… 怎么 会有……?

Wǒ zhēn bù míngbai…… zěnme huì yǒu……?

I really don't understand why ... have ...?

■ 那 可能 是 因为……

Nà kěnéng shì yīnwèi……

That is probably because ...

王东和于西 Wang Dong and Yu Xi

王东：很 多 男人 都 说 女人 最
Hěn duō nánrén dōu shuō nǚrén zuì

可怕 的 是 热爱 购 物，可 我
kěpà de shì rè'ài gòu wù, kě wǒ

觉得 女人 开始 聊 天 也 是 一
juéde nǚrén kāishǐ liáo tiān yě shì yí

件 可怕 的 事。
jiàn kěpà de shì.

Many men say that the most terrible thing for women is that they love shopping, but I feel that it is also terrible if women begin chatting.

于西: 你 怎么 会有 这样 的 感觉?
Nǐ zěnme huì yǒu zhèyàng de gǎnjué?

How should you have such a feeling?

王东: 我 姐姐 的 两 个 好 朋友 来
Wǒ jiějie de liǎng ge hǎo péngyou lái

我 家，她们 三 个 人 聊 起来
wǒ jiā, tāmen sān ge rén liáo qǐlai

没 完 没 了，到了 半夜 那 两
méi wán méi liǎo, dàole bànyè nà liǎng

个 姑娘 还 没有 离开 的 意思，
ge gūniang hái méiyǒu líkāi de yìsi,

我 就 觉得 女人 聊 天 很 可怕。
wǒ jiù juéde nǚrén liáo tiān hěn kěpà.

Two of my sister's friends came to my home, and they chatted till the midnight without any sign of leaving. So I feel that it is terrible for women to chat.

于西：那 可能 是 因为 她们 三 个 人
Nà kěnéng shì yīnwèi tāmen sān ge rén

好久 没见 面 了 吧?
hǎojiǔ méi jiàn miàn le ba?

It is probably because they haven't met each other for a long time.

王东：哪儿 啊? 她们 天天 在 一起!
Nǎr a? Tāmen tiāntiān zài yìqǐ!

我 真 不 明白 她们 怎么 会
Wǒ zhēn bù míngbai tāmen zěnme huì

有 那么 多 的 话题!
yǒu nàme duō de huàtí!

No. They are together everyday! I really don't understand why they have so many topics!

于西：你 忘 了? 昨天 咱 俩 不 也
Nǐ wàng le? Zuótiān zán liǎ bù yě

聊了 大 半 天 吗?
liáole dà bàn tiān ma?

Don't you remember that we also talked for a long time yesterday?

105

王东：噢！对！ 原来 我 也 爱 聊 天。
　　　 Ō! Duì! Yuánlái wǒ yě ài liáo tiān.

　　　 Oh! I see! I also like chatting.

➡购物　　　　gòu wù　　　　shopping

聊天　　　　liáo tiān　　　chitchat; chat

没完没了　　méi wán méi liǎo endlessly

可怕　　　　kěpà　　　　　terrible;

　　　　　　　　　　　　　fearful;

　　　　　　　　　　　　　frightful

话题　　　　huàtí　　　　　topic; gambit;

　　　　　　　　　　　　　theme

于西　Yu Xi

　　昨天 我 在 看 电视 里 的 一
　　Zuótiān wǒ zài kàn diànshì li de yì
场 意大利 足球 联赛 时，来了 几
chǎng Yìdàlì zúqiú liánsài shí, láile jǐ
个 朋友，大家 自然 地 就 聊起了
ge péngyou, dàjiā zìrán de jiù liáoqǐle
中国 男子 足球 的 低 水平，
Zhōngguó nánzǐ zúqiú de dī shuǐpíng,

中国　女子 足球队 在 悉尼 奥运会
Zhōngguó nǚzǐ zúqiúduì zài Xīní Àoyùnhuì

上　没有 得到 冠军 的 遗憾,
shang méiyǒu dédào guànjūn de yíhàn,

然后 又 聊到了 澳大利亚。有 个
ránhòu yòu liáodàole Àodàlìyà. Yǒu ge

朋友　正好　想　去 澳大利亚
péngyou zhènghǎo xiǎng qù Àodàlìyà

留学, 我们 又 谈起了 国外 的
liú xué, wǒmen yòu tánqǐle guówài de

大学。聊着 聊着, 一 看 表, 都
dàxué. Liáozhe liáozhe, yí kàn biǎo, dōu

十一 点 多 了! 聊 天 时, 时间 过
shíyī diǎn duō le! Liáo tiān shí, shíjiān guò

得 真 快 啊!
de zhēn kuài a!

Some friends came to my house when I was watching Italian football league matches on TV yesterday. We talked naturally about the poor level of the Chinese men's football, and pitied for the loss of championship of the Chinese women's team on the Sydney Olympic Games before chatting about Australia. It happened that one of my friends wanted to study in Australia. And we talked about foreign universities. It was already past eleven o'clock before we looked at the watch. Time flies fast when your are chatting!

➡联赛	liánsài	league matches
遗憾	yíhàn	to pity; sorry; regret
得到	dédào	to gain; to receive
自然	zìrán	nature; naturally

也许你需要
You will probably need these words

无聊	wúliáo	bored; dull; senseless
健谈	jiàntán	talkative
主题	zhǔtí	theme; topic; subject
热门话题	rèmén huàtí	focus; subject of great topical interest

还有几句话 A few more sentences

| 中年 | 妇女 | 的 | 话题 | 大概 | 总 | 离 |
| Zhōngnián | fùnǚ | de | huàtí | dàgài | zǒng | lí |

不 开 孩子 和 丈夫。
bu kāi háizi hé zhàngfu.

The topics of the middle-aged women mainly concern about their husbands and children.

■ 现代 人 工作 紧张， 生活
Xiàndài rén gōngzuò jǐnzhāng, shēnghuó

节奏 快，几乎 连 聊 天 的 时间
jiézòu kuài, jīhū lián liáo tiān de shíjiān

都 没有 了。
dōu méiyǒu le.

There is almost no time left for modern people who work and live with a too fast rhythm to chat.

 16 赛卡丁车 Sài Kǎdīngchē
Racing Carting Cars

记住这些句型 Remember the sentence patterns

■ ……,这 也 难怪。
……, zhè yě nánguài.

It is understandable …

■ ……几 倍。
…… jǐ bèi.

several times …

■ 这 也 是 ……的 原因。
Zhè yě shì ……de yuányīn.

This is also why …

■ ……,再说,……
……, zàishuō,……

…, furthermore, …

王东和于西 Wang Dong and Yu Xi

王东：咱们 再 跑 几 圈 吧！我 还
Zánmen zài pǎo jǐ quān ba! Wǒ hái

没 过 瘾 呢！
méi guò yǐn ne!

Let's drive for several more circles. I have not enjoyed myself to the full.

于西：不 行 了，我 已经 心 跳 气
Bù xíng le, wǒ yǐjīng xīn tiào qì

喘， 呼吸 不 过来 了。
chuǎn, hūxī bu guòlái le.

No. My heart beats fast and I am already out of breath.

王东：对了，你是第一次玩
Duì le, nǐ shì dì-yī cì wán

卡丁车，这也难怪。我第一
kǎdīngchē, zhè yě nánguài. Wǒ dì-yī

次坐进卡丁车里，发动起
cì zuòjìn kǎdīngchē li, fādòng qǐ

车子时，也是心跳加速。
chēzi shí, yě shì xīntiào jiāsù.

Right, it it understandable because this is the first time you drive a Carting car. When I sat in it for the first time and started it, my heart also beat faster.

于西：身体 几乎 贴着 地面，感觉
Shēntǐ jīhū tiēzhe dìmiàn, gǎnjué

车速 快 了 几 倍。
chēsù kuài le jǐ bèi.

It seems that you almost touch the ground and the speed is several times faster.

王东：这也是卡丁车刺激好玩儿的
Zhè yě shì kǎdīngchē cìjī hǎowánr de

原因，再说，我们现在也
yuányīn, zàishuō, wǒmen xiànzài yě

没有　汽车　可以　让　我们
méiyǒu qìchē kěyǐ ràng wǒmen

开上　街，就　先　到　这儿　来
kāishàng jiē, jiù xiān dào zhèr lái

体验　一下儿。
tǐyàn yíxiàr.

This is also why driving a Carting car is stimulating and exciting. Furthermore, we can experience the feeling of driving before there are cars available for us to drive in the street.

于西：好了，我　休息　好　了。咱　俩　再
Hǎo le, wǒ xiūxi hǎo le. Zán liǎ zài

赛　五　圈，怎么样?
sài wǔ quān, zěnmeyàng?

OK. Break is over. Let's race for another five circles, OK?

王东：嗬! 你的瘾比我还大!
Hē! Nǐ de yǐn bǐ wǒ hái dà!

Ah! You have greater yen than I!

➡瘾　　yǐn　　addiction;
　　　　　　　　strong interest; yen

体验	tǐyàn	experience
气喘	qì chuǎn	to breathe heavily
呼吸	hūxī	breath; breathe
加速	jiāsù	accelerate; speed up

王东　Wang Dong

中国人　对车　越来越　感
Zhōngguórén duì chē yuè lái yuè gǎn
兴趣了。有一辆自己的车，在
xìngqù le. Yǒu yí liàng zìjǐ de chē, zài
以前是不能想象的，现在
yǐqián shì bù néng xiǎngxiàng de, xiànzài
已经变成很多人的计划了。
yǐjīng biànchéng hěn duō rén de jìhuà le.
汽车展总是那么火爆，电视里
Qìchēzhǎn zǒng shì nàme huǒbào, diànshì li
的赛车节目也很受欢迎，连
de sàichē jiémù yě hěn shòu huānyíng, lián
汽车模型都成了许多家庭的
qìchē móxíng dōu chéngle xǔduō jiātíng de
装饰品。对我来说，买车还
zhuāngshìpǐn. Duì wǒ lái shuō, mǎi chē hái

没有 实力，但 已经 开过 不 少 次
méiyǒu shílì, dàn yǐjīng kāiguo bù shǎo cì
车 了，包括 卡丁车！
chē le, bāokuò kǎdīngchē!

Chinese are more and more interested in cars. It is unimaginable to have a car of one's own in the past, while it has become the plan of many people now. Car exhibitions are always popular, and so do the racing programs on TV, and even the models of cars become the ornaments of many families. I have not enough money to buy a car now, but I have drived many times, including Carting cars.

➡ 火爆　　huǒbào　　very popular
　 赛车　　sàichē　　racing car
　 模型　　móxíng　　model
　 装饰品　 zhuāngshìpǐn ornament; adornment; decoration

也许你需要
You will probably need these words

安全带　　ānquándài　　life belt; security belt

方向盘	fāngxiàngpán	steering wheel
刹车	shāchē	brake
油门	yóumén	accelerator

还有几句话 A few more sentences

汽车 越 多，堵车 也 越 严重，
Qìchē yuè duō, dǔ chē yě yuè yánzhòng,
有 时候，也许 自行车 比 汽车
yǒu shíhou, yěxǔ zìxíngchē bǐ qìchē
还 快。
hái kuài.

The more cars, the more serious the traffic jam. Sometimes, bikes may go faster than automobiles.

游乐场 的 卡丁车 赛场 总
Yóulèchǎng de kǎdīngchē sàichǎng zǒng
能 吸引 很 多 人。
néng xīyǐn hěn duō rén.

The court of Carting cars in an amusement park always attracts many people.

17 骑车去郊游 Qí Chē Qù Jiāoyóu

Going on an Outing by Bicycle

记住这些句型 **Remember the sentence patterns**

■ ······了 多 久 了?
······ le duō jiǔ le?

How long have ... ?

■ 再······ 一 个 多 钟头 就 到 了。
Zài······ yí ge duō zhōngtóu jiù dào le.

will be there in about another hour

■ 这 不 算 什么。
Zhè bú suàn shénme.

This is nothing to us.

■ ······倒 不······
······dào bù······

not ... actually

王东和于西 Wang Dong and Yu Xi

王东：我们 骑了 多 久 了？
Wǒmen qíle duō jiǔ le?

How long have we been riding?

于西：两 小时 十 分钟。 快 了，
Liǎng xiǎoshí shí fēnzhōng. Kuài le,

再骑一个多 钟头 就 到 了。
zài qí yí ge duō zhōngtóu jiù dào le.

Two hours and ten minutes. We have almost reached the target, and will be there in about another hour.

118

王东：还 要 骑 一 个 多 钟头?
Hái yào qí yí ge duō zhōngtóu?

In about another hour?

于西：这 算 什么? 等 你 骑到 那儿，
Zhè suàn shénme? Děng nǐ qídào nàr,

看到 青 山 绿 水, 呼吸 到
kàndào qīng shān lǜ shuǐ, hūxī dào

山谷 里 吹来 的 风, 然后 躺
shāngǔ li chuīlái de fēng, ránhòu tǎng

在 溪 边 的 大 岩石 上, 你 就
zài xī biān de dà yánshí shang, nǐ jiù

会 觉得 这 点儿 辛苦 值得。
huì juéde zhè diǎnr xīnkǔ zhíde.

This is nothing to us. After reaching the
target, when seeing the green hill and wa-
ter, breathing the wind from the valley, and
lying on the big rock by the brook, you will
feel it worthwhile to take pains to get there.

王东：我 现在 担 心 我们 是 不 是
Wǒ xiànzài dān xīn wǒmen shì bu shì

有 力气 骑 回去。
yǒu lìqi qí huíqu.

I am afraid if we have enough strength to ride back now.

于西：这 次 骑 自行车 郊游 不是 你
Zhè cì qí zìxíngchē jiāoyóu bú shì nǐ

提议 的 吗？怎么，后悔 了？
tíyì de ma? Zěnme, hòuhuǐ le?

Wasn't it your idea that we go on an outing by bicycle? Why? Are you regretful for it?

王东：后悔 倒 不 后悔，要是 回去 的
Hòuhuǐ dào bú hòuhuǐ, yàoshi huíqù de

时候 能 坐 车 就 好 了！
shíhou néng zuò chē jiù hǎo le!

No, I am not regretful actually. It would be better if we go back by bus.

➡ 山谷　　　shāngǔ　　　valley

溪　　　　xī　　　　brook; rivulet

岩石　　　yánshí　　　rock

郊游　　　jiāoyóu　　　outing

值得　　　zhídé　　　worthwhile;
　　　　　　　　　　　deserve

于西 Yu Xi

骑 自行车 郊游，听 起来 不
Qí zìxíngchē jiāoyóu, tīng qǐlai bú

复杂，其实 准备 得不好，也会出
fùzá, qíshí zhǔnbèi de bù hǎo, yě huì chū

问题。有一次，几个 朋友 一起
wèntí. Yǒu yí cì, jǐ ge péngyou yìqǐ

骑车 去一个 偏僻的 乡村，骑
qí chē qù yí ge piānpì de xiāngcūn, qí

到 中途，两 辆 车的 轮胎 爆
dào zhōngtú, liǎng liàng chē de lúntāi bào

了！当时 山路 上 没有 车，也
le! Dāngshí shānlù shang méiyǒu chē, yě

没有 行人，当然 更 没有 什么
méiyǒu xíngrén, dāngrán gèng méiyǒu shénme

修理铺。我们 没办法，只好 扔下
xiūlǐpù. Wǒmen méi bànfǎ, zhǐhǎo rēngxia

那 两 辆 破车，两个人 带着
nà liǎng liàng pò chē, liǎng ge rén dàizhe

同伴 回来了！
tóngbàn huílai le!

It seems not complicated to go on outings by

bicycle, but something might go wrong if you are not well prepared. Once I went to a remote village by bicycle with several friends. The tyres of two bikes exploded on the midway! There were no passerby or vehicle at that time, let alone a repair shop. We could do nothing but left that two broken bicycles behind, and went back with the two friends sitting behind.

➡偏僻	piānpì	remote
中途	zhōngtú	midway
轮胎	lúntāi	tyre
爆	bào	explode; burst
铺	pù	shop; store

也许你需要
You will probably need these words

打气筒	dǎqìtǒng	bicycle pump; inflator
蹬	dēng	pedal; press (down) with the foot
上坡	shàng pō	go uphill
下坡	xià pō	go downhill

还有几句话 A few more sentences

■ 西方人 把 骑 自行车 当做 一
Xīfāngrén bǎ qí zìxíngchē dàngzuò yì

种 体育 运动，而 中国人 则
zhǒng tǐyù yùndòng, ér Zhōngguórén zé

把 自行车 当做 日常 的
bǎ zìxíngchē dàngzuò rìcháng de

交通 工具。
jiāotōng gōngjù.

Riding bicycles is regarded as a sport in the West; while in China, bicycle is a daily means of transport.

■ 中国 是 自行车 王国， 可是
Zhōngguó shì zìxíngchē wángguó, kěshì

自行车赛 的 运动 成绩 却 不
zìxíngchēsài de yùndòng chéngjì què bú

算 高。
suàn gāo.

China is a kingdom of bicycles, but the scores of bicycle races are not high.

18 找小吃

Zhǎo Xiǎochī

Looking for Snacks

记住这些句型 Remember the sentence patterns

■ 种类 至少 有…… 种。

Zhǒnglèi zhìshǎo yǒu…… zhǒng.

There are at least ... kinds.

■ 基本 上 只有…… 和……

Jīběn shang zhǐyǒu…… hé……

There are only ··· and ··· basically.

■ 全 国 各 地 的……

Quán guó gè dì de……

... throughout the country

■ 把…… 都…… 一 遍。

Bǎ…… dōu…… yí biàn.

... all the ...

王东和于西 Wang Dong and Yu Xi

王东：这 条 小吃 街 是 新 开 的 吧?
Zhè tiáo xiǎochī jiē shì xīn kāi de ba?

Is this street of snacks newly opened?

于西：听说 刚 开了 半 个 月，你
Tīngshuō gāng kāile bàn ge yuè, nǐ
看，已经 吸引 了 这么 多 人! 要
kàn, yǐjīng xīyǐnle zhème duō rén! Yào
挤 进去 还 真 不 容易。
jǐ jìnqu hái zhēn bù róngyì.

It is said that it has been in operation for only half a month. Look! It has attracted so many people that it is hard to get in.

王东：我 刚才 数了 数，种类 至少
Wǒ gāngcái shǔle shǔ, zhǒnglèi zhìshǎo
也 有 五十 种!
yě yǒu wǔshí zhǒng!

Just now, I counted and found there were at least 50 kinds of snacks.

于西：我 看 不止。以前 北京 的 夜市
Wǒ kàn bùzhǐ. Yǐqián Běijīng de yèshì

上 卖 的 小吃 基本 上
shang mài de xiǎochī jīběn shang

只有 四川 风味 的 和 老
zhǐyǒu Sìchuān fēngwèi de hé lǎo

北京 风味 的，现在，全 国
Běijīng fēngwèi de, xiànzài, quán guó

各地 的 都 有 了，一百 种 也
gè dì de dōu yǒu le, yìbǎi zhǒng yě

说 不 定。
shuō bu dìng.

I think it is more than that. There were only Sichuan and traditional Beijing flavors at the night fairs in the past, but various flavors appear throughout the country now. There might be one hundred varieties.

王东：我 真 想 把 这些 诱人 的 好
Wǒ zhēn xiǎng bǎ zhèxiē yòurén de hǎo

东西 都 尝 一 遍！可惜 吃 不
dōngxi dōu cháng yí biàn! Kěxī chī bu

下 了。
xià le.

I really want to sample all these attractive snacks if my stomach permits me.

于西：我 考虑 得 比较 周到，今天 一
Wǒ kǎolǜ de bǐjiào zhōudào, jīntiān yì

天 没 吃 饭！
tiān méi chī fàn!

I have been thoughtful and haven't had a meal today.

➡至少　　　zhìshǎo　　　at least
不止　　　bùzhǐ　　　more than
夜市　　　yèshì　　　night fair
诱人　　　yòurén　　　attractive
一遍　　　yí biàn　　　all; all over; once

于西　Yu Xi

北京 的 小吃 街，一 条 比 一
Běijīng de xiǎochī jiē, yì tiáo bǐ yì

条 热闹。如果 学校 附近 也 有
tiáo rènao. Rúguǒ xuéxiào fùjìn yě yǒu

小吃 街 的 话，我 想 我 会 天天
xiǎochī jiē de huà, wǒ xiǎng wǒ huì tiāntiān

到 那儿 去 吃。 小吃 便宜， 什么
dào nàr qù chī. Xiǎochī piányi, shénme

口味 的 都 有， 又 快， 难怪 那么
kǒuwèi de dōu yǒu, yòu kuài, nánguài nàme

多 人 都 愿意 去 挤 夜市 上 的
duō rén dōu yuànyì qù jǐ yèshì shang de

小吃 摊儿。 现在 很 多 大
xiǎochī tānr. Xiànzài hěn duō dà

商场 里 也 开了 专 卖 小吃
shāngchǎng li yě káile zhuān mài xiǎochī

的 楼层，我 看 那儿 的 客人 比 购
de lóucéng, wǒ kàn nàr de kèrén bǐ gòu

物 的 多 得 多！
wù de duō de duō!

The snack streets in Beijing are very lively. I

128

think I would have snacks everyday if there is a snack street around our school. Snacks are cheap and time-saving, and there are all kinds of flavours. It is understandable that there are so many people who like to have snacks at the boothes of the night fairs. There are special floors for snacks in many big shopping centers, and I find that there are much more people there than those who make shopping.

➡口味	kǒuwèi	taste; flavour
难怪	nánguài	understandable; no wonder
摊儿	tānr	booth; stall
楼层	lóucéng	floor

也许你需要
You will probably need these words

麻辣	málà	peppery
酸甜	suāntián	acid and sweet
咸淡	xiándàn	degree of saltiness
苦	kǔ	bitter

还有几句话 A few more sentences

■ 从　新疆　的　羊肉串　到　云南
Cóng Xīnjiāng de yángròuchuàn dào Yúnnán

的　菠萝饭，小吃　街　上　都
de bōluófàn, xiǎochī jiē shang dōu

能　找到。
néng zhǎodào.

There are all kinds of flavors in the snack streets, from Xingjiang shashlik to Yunnan pineapple food.

■ 北京人　以前　不　爱　吃　酸　的、辣
Běijīngrén yǐqián bú ài chī suān de、 là

的，现在　渐渐　爱上了　酸　辣
de, xiànzài jiànjiàn àishangle suān là

小吃。
xiǎochī.

The natives of Beijing used to dislike acid and peppery food, but they have gradually become fond of the acid and peppery snacks.

19 划船

Huá Chuán

Boating

记住这些句型 Remember the sentence patterns

■ 报 上 说······

Bào shang shuō······

The newspaper reports that ...

■ 最 好玩儿 的 就 是······

Zuì hǎowánr de jiù shì······

The most interesting thing is ...

■ 对······ 来 说,······

Duì······ lái shuō,······

for ... , ...

■ 要是······ , 不如······

Yàoshi······, bùrú······

if ... , it would be better to ...

王东和于西 Wang Dong and Yu Xi

王东：好久 没 去 颐和园 了，报　上
Hǎojiǔ méi qù Yíhéyuán le, bào shang

说　那儿 的 不 少 地方 都
shuō nàr de bù shǎo dìfang dōu

重新　修整过　了。
chóngxīn xiūzhěngguo le.

We haven't been to the Summer Palace for a long time. The newspaper reports that many sights have been repaired there.

于西：要是 去颐和园，得 多 约 几个
Yàoshi qù Yíhéyuán, děi duō yuē jǐ ge

人 一起 去。
rén yìqǐ qù.

We should ask more people to go with us if
we want to go to the Summer Palace.

王东：为 什么？
Wèi shénme?

Why?

于西：在 颐和园 最 好玩儿 的 就 是 划
Zài Yíhéyuán zuì hǎowánr de jiù shì huá

船 啊！人 多 有 意思，还
chuán a! Rén duō yǒu yìsi, hái

可以 比赛。
kěyǐ bǐsài.

The most interesting thing in the Summer
Palace is boating. It is more interesting to
boat with many people, for we can compete
with each other.

王东：有 道理。 两 个 人 划 船 不
Yǒu dàoli. Liǎng ge rén huá chuán bù

好玩儿。我 就 见过 昆明 湖
hǎowánr. Wǒ jiù jiànguo Kūnmíng Hú

中 小 船 上 谈 恋爱 的
zhōng xiǎo chuán shang tán liàn'ài de

男女， 女孩 悠闲 地 坐着
nánnǚ, nǚhái yōuxián de zuòzhe

欣赏 风景， 男孩 满 头 大
xīnshǎng fēngjǐng, nánhái mǎn tóu dà

汗 拼 命 划着， 真 不
hàn pīn mìng huázhe, zhēn bù

公平。
gōngpíng.

It is reasonable. It is not interesting to boat with only two people. I once saw the lovers in the boats on the Kunming Lake. Girls enjoyed the sights leisurely, while boys boated desperately with sweat all over their heads. It is so unfair!

于西: 对 女孩 来 说， 那 不 是 划
Duì nǚhái lái shuō, nà bú shì huá

船， 是 看 男朋友 划 船。
chuán, shì kàn nánpéngyou huá chuán.

For girls, it is seeing their boyfriends to boat rather than boating.

王东：要是　这样，　不如　去　坐
Yàoshi zhèyàng, bùrú qù zuò

游览　船。
yóulǎn chuán.

If so, it would be better for them to take a
tourist ship.

于西：那　好像　又　缺少　一点儿
Nà hǎoxiàng yòu quēshǎo yìdiǎnr

浪漫　吧？
làngmàn ba?

Isn't that less romantic?

➡有道理　yǒu dàoli　reasonable
谈恋爱　tán liàn'ài　be in love;
　　　　　　　　to have a love affair
修整　xiūzhěng　to repair
拼命　pīn mìng　at full spirit;
　　　　　　　to risk one's life;
　　　　　　　exerting the utmost;
　　　　　　　desperate
浪漫　làngmàn　romance; romantic

于西 Yu Xi

划　船，对于　没有　经验　的人
Huá chuán, duìyú méiyǒu jīngyàn de rén

来 说，并 不 容易。有 时候 用了
lái shuō, bìng bù róngyì. Yǒu shíhou yòngle

很 大 的 劲儿，可 船 只会 原地
hěn dà de jìnr, kě chuán zhǐ huì yuándì

转　圈，一 步 也 前进 不 了；有
zhuàn quān, yí bù yě qiánjìn bu liǎo; yǒu

时候 希望 船 往 右，它 却
shíhou xīwàng chuán wǎng yòu, tā què

偏偏　往　左。这 都 是 没有
piānpiān wǎng zuǒ. Zhè dōu shì méiyǒu

掌握 划 船 的 技巧。即使
zhǎngwò huá chuán de jìqiǎo. Jíshǐ

掌握了 技巧，划 船 还 需要
zhǎngwòle jìqiǎo, huá chuán hái xūyào

良好 的 体力。
liánghǎo de tǐlì.

Boating is not easy for those who haven't such an experience. Sometimes, the boat will circle at the same place even if you exert yourself with much strength; and sometimes it goes to the left while you want it right. These are the results of failing to master the skills of boating. It also requires much physical strength even if you have mastered the skills.

➡️ 原地	yuándì	at the same place
转圈	zhuàn quān	to clircle
前进	qiánjìn	to advance; go ahead; progress; go forward; march; onward
偏偏	piānpiān	*showing wilful action contrary to objective conditions or requirements*
劲儿	jìnr	strength

也许你需要
You will probably need these words

桨	jiǎng	oar
船舷	chuánxián	shipboard; side of a ship or a boat
船头	chuántóu	fore

| 船尾 | chuánwěi | stern |
| 漩涡 | xuánwō | whirlpool; swirl |

还有几句话 A few more sentences

■ 中国　　传统　节日　端午节的
Zhōngguó chuántǒng jiérì Duānwǔ Jié de

一个　重要　内容　就是　划
yí ge zhòngyào nèiróng jiù shì huá

龙船　　比赛。
lóngchuán bǐsài.

An important content of the traditional Chinese Dragon Boat Festival is the dragon boat race.

■ 六百　年　前　的　明　朝，　中国
Liùbǎi nián qián de Míng Cháo, Zhōngguó-

人　就　划着　木　船　到达了　非洲
rén jiù huázhe mù chuán dàodále Fēizhōu

东　岸。
dōng àn.

Chinese people had arrived at the east coast of Africa by wooden boat in the Ming Dynasty six hundred years ago.

20 中国功夫
Zhōngguó Gōngfu

Chinese Kung fu

记住这些句型 Remember the sentence patterns

■ 对…… 不 感 兴趣。

Duì…… bù gǎn xìngqù.

be not interested in …

■ 像 他 那样 的……

Xiàng tā nàyàng de……

… like him

■ 我 记得 你 说过……

Wǒ jìde nǐ shuōguo……

I remember that you have said …

■ ……太 晚 了 吧?

……tài wǎn le ba?

Isn't it too late to … ?

王东和于西 Wang Dong and Yu Xi

王东：我 打算 去 报 名 参加 一个
Wǒ dǎsuan qù bào míng cānjiā yí ge

武术 训练 班，你 也 参加 吧！
wǔshù xùnliàn bān, nǐ yě cānjiā ba!

I am going to enter my name for a *wushu* training course. Just go with me!

于西：我 记得 你 说过 你 对 武术 不
Wǒ jìde nǐ shuōguo nǐ duì wǔshù bù

感 兴趣。
gǎn xìngqù.

I remember that you have said you are not interested in *wushu*.

王东：昨天 不 是 看了 李 连杰 的
Zuótiān bú shì kànle Lǐ Liánjié de

功夫片 吗? 他 的 动作 多
gōngfupiàn ma? Tā de dòngzuò duō

帅 啊! 电影院 里 的
shuài a! Diànyǐngyuàn li de

姑娘们 看到 他 漂亮 的
gūniangmen kàndào tā piàoliang de

身手 都 在 激动 地 尖叫。
shēnshǒu dōu zài jīdòng de jiānjiào.

Didn't you see Li Lianjie's kung fu in the
film yesterday? How smart his actions are!
The girls in the cinema shrieked excitedly
at his wonderful skills.

于西：你 想 当 像 他 那样 的
Nǐ xiǎng dāng xiàng tā nàyàng de

功夫片 明星? 现在 开始 太
gōngfupiàn míngxīng? Xiànzài kāishǐ tài

晚 了 吧?
wǎn le ba?

Do you want to be a kung fu film star like
him? Isn't it too late for you to begin now?

王东：这 我 知道。可是 学了 功夫，
Zhè wǒ zhīdào. Kěshì xuéle gōngfu,

至少 有一个 好处。
zhìshǎo yǒu yí ge hǎochù.

Yes. But it has at least one advantage in learning kung fu.

于西：是 什么？
Shì shénme?

What is it?

王东：以后 跟 女朋友 在一起 时，
Yǐhòu gēn nǚpéngyou zài yìqǐ shí,

遇到 危险 情况 就 可以
yùdào wēixiǎn qíngkuàng jiù kěyǐ

保护 她 了！
bǎohù tā le!

I can protect my girlfriend in time of danger when we are together.

➡武术 wǔshù *wushu*

训练 xùnliàn training

帅 shuài handsome; beautiful; smart

142

身手　　shēnshǒu　　skill, talent
尖叫　　jiānjiào　　shriek；yell

王东 Wang Dong

中国　的 武术 有 悠久 的 历史，
Zhōngguó de wǔshù yǒu yōujiǔ de lìshǐ,

派别 也 丰富 多样， 不过， 除了
pàibié yě fēngfù duōyàng, búguò, chúle

专业　运动员， 普通 人 对 武术
zhuānyè yùndòngyuán, pǔtōng rén duì wǔshù

的 兴趣 并 不 大。 自从　电影
de xìngqù bìng bú dà. Zìcóng diànyǐng

《少林　寺》 公映 后，　年轻人
《Shàolín Sì》 gōngyìng hòu, niánqīngrén

突然 对 武术 产生了　浓厚 的
tūrán duì wǔshù chǎnshēngle nónghòu de

兴趣，都 想 跟 电影 里的 人物
xìngqù, dōu xiǎng gēn diànyǐng li de rénwù

一样 有 了 不 起 的 功夫。　听说
yíyàng yǒu liǎo bu qǐ de gōngfu. Tīngshuō

到 嵩 山 少林 寺 要求 习 武 的
dào Sōng Shān Shàolín Sì yāoqiú xí wǔ de

143

人 多 得 不 得 了。我 去过 那儿，
rén duō de bù déliǎo. Wǒ qùguo nàr,

果然 看到 武术 学校 一 个 连着
guǒrán kàndào wǔshù xuéxiào yí ge liánzhe

一 个。
yí ge.

Chinese *wushu* boasts of its long history and varied and colorful schools. However，ordinary people are not very interested in *wushu* except for those professional athletes. Young people have suddenly become keen on it after the show of the film *Shaolin Temple*. They all wish to be as skillful as those figures in the film. It is said that the Shaolin Temple on the Songshan Mountain is crowded with people who want to learn *wushu*. I have been there，and found a great number of *wushu* schools.

➡悠久	yōujiǔ	long; remote in time or space
浓厚	nónghòu	strong
派别	pàibié	school; faction
人物	rénwù	figure; character
习武	xí wǔ	learn *wushu*

也许你需要
You will probably need these words

吃苦	chī kǔ	to bear hardships; to suffer
练功	liàn gōng	to practise one's skills
太极剑	tàijíjiàn	*Taiji* sword
拳术	quánshù	boxing

还有几句话 A few more sentences

■ 香港 的 功夫 电影 很 受
Xiānggǎng de gōngfu diànyǐng hěn shòu

年轻 人 欢迎, 香港 的
niánqīng rén huānyíng, Xiānggǎng de

成 龙 也 是 世界 著名 的
Chéng Lóng yě shì shìjiè zhùmíng de

功夫 明星。
gōngfu míngxīng.

Kung fu films are very popular in Hong Kong, and Cheng Long is a world-famous kung fu star.

■中国 的 武术 更 接近艺术，和
Zhōngguó de wǔshù gèng jiējìn yìshù, hé

西方 的 拳击 完全 不 同。
xīfāng de quánjī wánquán bù tóng.

Chinese *wushu*, which is more an art than a competition, is totally different from the Western boxing.

21 打雪仗

Dǎ Xuězhàng

Throwing Snowballs

记住这些句型 Remember the sentence patterns

■ 好 几 年 没 ……了。
Hǎo jǐ nián méi ……le.
haven't ... for years

■ ……只能 去……
……zhǐnéng qù……
... can only go to ...

■ 借用 一下儿……
Jièyòng yíxiàr……
to borrow ...

■ 最近 几 个…… 都……
Zuìjìn jǐ ge…… dōu……
... in the recent ..

王东和于西 Wang Dong and Yu Xi

王东：我们 来晚 了！已经 有 不 少
Wǒmen láiwǎn le! Yǐjīng yǒu bù shǎo

人 在 打 雪仗 了！
rén zài dǎ xuězhàng le!

We are late! Many people have begun throwing snowballs.

于西：你 看，操场 上 还 堆起了
Nǐ kàn, cāochǎng shang hái duīqǐle

三 个 大 雪人。
sān ge dà xuěrén.

Look, there are three big snowmen on the playground.

王东: 昨晚 的 这 场 雪 下 得 太
Zuówǎn de zhè chǎng xuě xià de tài

好了!北京 有 好 几 年 没 下
hǎo le! Běijīng yǒu hǎo jǐ nián méi xià

这么 大 的 雪 了。
zhème dà de xuě le.

We had a good snow last night. It has been years for Beijing to have so heavy a snow.

于西: 是 啊, 最近 几 个 冬天 雪 都
Shì a, zuìjìn jǐ ge dōngtiān xuě dōu

不大, 而且 很 快 就 化 了,
bú dà, érqiě hěn kuài jiù huà le,

想 玩儿 雪 只能 去 东北。
xiǎng wánr xuě zhǐnéng qù Dōngběi.

Yes, there is no heavy snow in recent winters, and it is melted very quickly. You can only go to the Northeast if you want to play with snow.

王东: 咱们 也 赶紧 堆 一 个 雪人
Zánmen yě gǎnjǐn duī yí ge xuěrén

吧! 借用 一下 你 的 帽子。
ba! Jièyòng yíxià nǐ de màozi.

Come on, let's pile a snowman, too. Can I borrow your hat?

于西：干吗？
Gànmá?

Why?

王东：给 雪人 戴上 啊！还有 你的
Gěi xuěrén dàishang a! Hái yǒu nǐ de

围巾 和 手套。
wéijīn hé shǒutào.

To put it on the head of the snowman. Give me your scarf and gloves.

于西：那 我 就 成 冰 人 了！
Nà wǒ jiù chéng bīng rén le!

I'll become an iceman then!

➡打雪仗　dǎ xuězhàng　to throw snowballs;
　　　　　　　　　　　to have a snowball fight
　堆雪人　duī xuěrén　to pile a snowman
　化　　　huà　　　　to melt
　戴　　　dài　　　　to put on; to wear

王东 **Wang Dong**

　　北方 的 冬天 虽然 冷，但是
Běifāng de dōngtiān suīrán lěng, dànshì

还是 有 很 多 好玩儿 的 户外
háishi yǒu hěn duō hǎowánr de hùwài

活动。 除了 看 冰灯、 冰雕，滑
huódòng. Chúle kàn bīngdēng、bīngdiāo, huá

冰，滑 雪，孩子们 还 常常 自
bīng, huá xuě, háizimen hái chángcháng zì

制 小 滑车，一 个 人 坐 在
zhì xiǎo huáchē, yí ge rén zuò zài

上面， 一个 人 在 后边 推，在
shàngmian, yí ge rén zài hòubiān tuī, zài

结了 厚厚 一 层 冰 的 湖面 上
jiéle hòuhòu yì céng bīng de húmiàn shang

飞快 地 跑来 跑去，玩儿 得 兴 高
fēikuài de pǎolái pǎoqù, wánr de xìng gāo

采烈。孩子们 见了 冰 啊，雪 啊，
cǎi liè. Háizimen jiànle bīng a, xuě a,

总 是 特别 兴奋，忘了 安全，
zǒng shì tèbié xīngfèn, wàngle ānquán,

所以 每 年 冬天 都 会 发生
suǒyǐ měi nián dōngtiān dōu huì fāshēng

孩子 掉进 冰河 的 事。
háizi diàojìn bīnghé de shì.

Although it is very cold in winter in the north, there are many interesting outdoor activities. Besides watching ice lanterns and ice sculptures, skating and skiing, children often make small tackles by themselves to slide fast to and fro on the thick ice over a lake. One child sits on the tackle, while another pushes behind, playing with great joy. Children are so excited when they see ice or snow that they often fail to take notice of security. So, accidents of children falling into ice rivers occur every winter.

➡户外	hùwài	outdoor
冰雕	bīngdiāo	ice sculpture
结（冰）	jié(bīng)	to freeze
兴高采烈	xìng gāo cǎi liè	with great joy; in high spirits

也许你需要
You will probably need these words

| 冻伤 | dòngshāng | nip; frostbite |

保暖	bǎonuǎn	keep warm
防冻	fángdòng	to prevent frostbite
羽绒服	yǔróngfú	down-padded anorak

还有几句话 A few more sentences

■ 最近 热门 的 旅行 路线 是 冬天
Zuìjìn rèmén de lǚxíng lùxiàn shì dōngtiān
不 去 南方，去 北方。 这样 才
bú qù nánfāng, qù běifāng. Zhèyàng cái
能 体会 到 寒冷 的 真正 滋味。
néng tǐhuì dào hánlěng de zhēnzhèng zīwèi.
Recently, the popular tourist line in winter is
to go to northern China instead of southern
China. Only in this way can you experience the
real taste of cold.

■ 下了 一 场 大 雪 后，一切 就
Xiàle yì chǎng dà xuě hòu, yíqiè jiù
像 童话 一样 美。
xiàng tónghuà yíyàng měi.
The world seems as beautiful as a fairy tale
after a heavy snow.

22 看日出

Kàn Rìchū

Watching the Sunrise

记住这些句型 Remember the sentence patterns

■ 怎么 还 不……?

Zěnme hái bù……?

Why haven't ... yet?

■ 我 从来 没…… 得 这么……

Wǒ cónglái méi…… de zhème……

I have never ... so ...

■ 难得 的……

Nándé de……

rare ...

■ 你 以为……?

Nǐ yǐwéi……?

Do you think that ... ?

王东和于西 Wang Dong and Yu Xi

王东：于西，几点了？太阳怎么还
Yú Xī, jǐ diǎn le? Tàiyáng zěnme hái

不出来？
bù chūlai?

What time is it, Yu Xi? Why hasn't the sun
risen yet?

于西：五点十分。快出来了。你
Wǔ diǎn shí fēn. Kuài chūlai le. Nǐ

看那儿的颜色已经开始变
kàn nàr de yánsè yǐjīng kāishǐ biàn

红了。
hóng le.

It is ten past five. It will rise soon. Look,
the sky is turning red there.

王东：我从来没起得这么早，都
Wǒ cónglái méi qǐ de zhème zǎo, dōu

困死了。
kùnsǐ le.

I have never been up so early. I am too sleepy.

于西：这么 激动 的 时刻，你 怎么 还
Zhème jīdòng de shíkè, nǐ zěnme hái

会 困? 在 海边 看 日出, 这 是
huì kùn? Zài hǎibiān kàn rìchū, zhè shì

多 难得 的 机会 啊!
duō nándé de jīhuì a!

How could you feel sleepy at such an exciting moment? What a rare opportunity it is to watch the sunrise at the seaside!

王东：我 知道 机会 难得, 为了 这 次
Wǒ zhīdào jīhuì nándé, wèile zhè cì

活动, 还 兴奋了 好 几 天。可
huódòng, hái xīngfènle hǎo jǐ tiān. Kě

没 想到 凌晨 四 点 多 就
méi xiǎngdào língchén sì diǎn duō jiù

得 起 床。
děi qǐ chuáng.

I know. I had been excited for several days for this activity. But I really had not expected to get up at four o'clock in the morning.

于西：你 以为 太阳 每天 八 点
Nǐ yǐwéi tàiyáng měitiān bā diǎn

出来，跟 我们 八 点 上
chūlai, gēn wǒmen bā diǎn shàng

课 一样？
kè yíyàng?

Do you think that the sun rises just as we begin our classes at eight o'clock everyday?

王东：别 只顾 说 我，快 看，太阳
Bié zhǐgù shuō wǒ, kuài kàn, tàiyáng

出来了！
chūlai le!

Don't just scorn me. Look, there the sun is!

➡困	kùn	sleepy
时刻	shíkè	moment
日出	rìchū	sunrise
凌晨	língchén	before daybreak; in the small hours
顾	gù	to take care of; to take into consideration or account; to attend to

于西 Yu Xi

新年 的 第一 天 看 日出,是 一
Xīnnián de dì-yī tiān kàn rìchū, shì yí

件 很 有 象征 意义 的 事。看
jiàn hěn yǒu xiàngzhēng yìyì de shì. Kàn

日出 当然 最 好 是 在 山顶
rìchū dāngrán zuì hǎo shì zài shāndǐng

或者 海边,所以,每 年 十二月
huòzhě hǎibiān, suǒyǐ, měi nián shí'èr yuè

三十一 号 晚上, 爬泰山 的、去
sānshíyī hào wǎnshang, pá Tài Shān de、 qù

北戴 河的 人比 旅游 旺季 还 多。
Běidài Hé de rén bǐ lǚyóu wàngjì hái duō.

有 一 年，我也 跟 朋友们 一起
Yǒu yì nián, wǒ yě gēn péngyoumen yìqǐ

去 泰 山 看日出， 山上 没有
qù Tài Shān kàn rìchū, shān shang méiyǒu

住 的 地方，我们 穿 得也 不多，
zhù de dìfang, wǒmen chuān de yě bù duō,

冻了 半夜，结果 新年 第一 天 就
dòngle bànyè, jiéguǒ xīnnián dì-yī tiān jiù

感冒 了！
gǎnmào le!

It is very significant to watch the sunrise in the first day of the new year. It is best to go to the mountaintop or seaside to watch the sunrise. So there are more people on the Taishan Mountain and by the Beidaihe River on the night of every December 31 than in the busy tourist season. I went to Taishan Mountain with my friend to watch the sunrise one year. There was no place for us to live. We did not wear enough clothes and had been frozen for half a night. As a result, we caught a cold in the first day of the new year.

➡象征	xiàngzhēng	symbol; symbolize; represent
意义	yìyì	significance; meaning
旺季	wàngjì	busy season
冻	dòng	to freeze

也许你需要
You will probably need these words

日落	rìluò	sunset; sundown
黄昏	huánghūn	dusk
地平线	dìpíngxiàn	horizon
升起	shēngqǐ	to rise

还有几句话 A few more sentences

■ 天安门　广场　上 的 升 旗
Tiān'ānmén Guǎngchǎng shang de shēng qí

仪式 是 和 日出 时间 一致 的。
yíshì shì hé rìchū shíjiān yízhì de.

The time to raise the flag on the Tian'anmen Square coincided with that of the sunrise.

中国 的 最 东边 和 最 西边
Zhōngguó de zuì dōngbiān hé zuì xībiān

看到 日出 的 时间 相差 四 个
kàndào rìchū de shíjiān xiāngchà sì ge

多 小时。
duō xiǎoshí.

There is a four-hour difference between the far east and west China to see the sunrise.

23 学吉他

Xué Jítā

Learning to Play Guitar

记住这些句型 Remember the sentence patterns

■ 可以 这么 说 吧!

Kěyǐ zhème shuō ba!

You can put it this way; You may say that.

■ 怎么 没 见 你 …… 过?

Zěnme méi jiàn nǐ …… guo?

Why I have never seen you … ?

■ 当初 …… 是 为了……

Dāngchū …… shì wèile……

… to … originally

■ 把…… 拿 下来。

Bǎ …… ná xiàlai.

Take down …

王东和于西 Wang Dong and Yu Xi

王东：你 墙 上 老
Nǐ qiáng shang lǎo

挂着 吉他，怎么
guàzhe jítā, zěnme

没 见 你 弹过?
méi jiàn nǐ tánguo?

There is always a gui-
tar on your wall. Why I have never seen you
play it?

于西：两 年 前 我 天天 弹，水平
Liǎng nián qián wǒ tiāntiān tán, shuǐpíng

不低，可是 后来 会 弹 吉他 的
bù dī, kěshì hòulái huì tán jítā de

人 越来越 多，我 就 觉得 不
rén yuè lái yuè duō, wǒ jiù juéde bù

稀奇 了。
xīqí le.

I played it everyday two years ago, and I
played very well. However, with more and

more people learning it later, it is not rare to play guitar any more.

王东: 那 你 当初 弹 吉他 是 为了
Nà nǐ dāngchū tán jítā shì wèile

引 人 注 目 啊?
yǐn rén zhù mù a?

And you played only to catch others' eyes originally?

于西: 可以 这么 说 吧!
Kěyǐ zhème shuō ba!

You may say that.

王东: 最近 有 个 吉他 学习 班 正在
Zuìjìn yǒu ge jítā xuéxí bān zhèngzài

招收 学员, 我 想 借 你 的
zhāoshōu xuéyuán, wǒ xiǎng jiè nǐ de

吉他 去 学学。
jítā qù xuéxue.

A guitar training course is enrolling students now, and I want to borrow your guitar to attend the classes.

于西：行 啊！你 把 它 拿 下来 吧！
Xíng a! Nǐ bǎ tā ná xiàlai ba!

OK. Just take it down.

王东：天 哪！弦 都 断 了！
Tiān na! Xián dōu duàn le!

Oh, Jesus Christ! The strings are broken!

➡弹吉他	tán jítā	to play guitar
稀奇	xīqí	rare
当初	dāngchū	originally
引人注目	yǐn rén zhù mù	eye-catching
弦	xián	chord; string

于西 Yu Xi

　　朋友们 一起 郊游、聚会 时，有
　　Péngyoumen yìqǐ jiāoyóu、jùhuì shí, yǒu
把 吉他，就 能 使 气氛 更 好。大家
bǎ jítā, jiù néng shǐ qìfēn gèng hǎo. Dàjiā
随时 都 可以 在 音乐 的 伴奏 下，
suíshí dōu kěyǐ zài yīnyuè de bànzòu xià,
唱起 共同 熟悉 的 歌，那 种
chàngqǐ gòngtóng shúxī de gē, nà zhǒng

感觉　非常　美。因为　我 的 吉他 弹
gǎnjué fēicháng měi. Yīnwèi wǒ de jítā tán

得不错,在 这 种　时候, 我　总是
de búcuò, zài zhè zhǒng shíhou, wǒ zǒngshì

很 受 欢迎,　不断 有 人　要求
hěn shòu huānyíng, búduàn yǒu rén yāoqiú

我:于 西,弹 这个!于 西,弹 那个!
wǒ: Yú Xī, tán zhège! Yú Xī, tán nàge!

It will be more pleasant to take a guitar when going on an outing or getting together with your friends. You can sing together the familiar songs at any time to the accompaniment of music. That is great. I am always popular at such moments because I am good at playing guitar. And I am asked unceasingly to play tunes.

➡️气氛　　qìfēn　　atmosphere;mode

　伴奏　　bànzòu　　accompaniment;
　　　　　　　　　accompany

　熟悉　　shúxī　　be familiar with; to know
　　　　　　　　　well

　不断　　búduàn　　unceasing;continual;
　　　　　　　　　continuous;uninterrupted

　共同　　gòngtóng　together;common

也许你需要
You will probably need these words

木吉他	mù jítā	wooden guitar
电吉他	diàn jítā	electric guitar
乐谱	yuèpǔ	music score；sheet music
练习曲	liànxíqǔ	étude

还有几句话 A few more sentences

■ 吉他 不 难 学，也 不 贵，而且 体积
Jítā bù nán xué, yě bú guì, érqiě tǐjī

小，到 哪儿 都 能 带上， 这些
xiǎo, dào nǎr dōu néng dàishang, zhèxiē

都 是 它 普及 的 原因。
dōu shì tā pǔjí de yuányīn.

It is not difficult to learn to play guitar. More over, it is in expensive, and small in size, which can be taken easily. This is why it is popular.

■ 总 有 人 不 用 别人 教， 慢慢
Zǒng yǒu rén bú yòng biéren jiāo, mànman

地 自 己 就 会 弹 吉 他 了 。 这 点 跟
de zìjǐ jiù huì tán jítā le. Zhè diǎn gēn

钢琴 可 不 一样。
gāngqín kě bù yíyàng.

There are always some people who learn to play guitar slowly without teachers, which is different from learning to play piano.

24 夏天滑冰　Xiàtiān Huá Bīng
Skating in Summer

记住这些句型 Remember the sentence patterns

■ 一 到 ……, ……就……
Yí dào ……, ……jiù……
… as soon as … , …

■ 什么 时候我也 能 ……
Shénme shíhou wǒ yě néng ……
When can I also …

■ 这 也 是 我……的 事……
Zhè yě shì wǒ …… de shì……
This is what I …

■ 你在 任何 时候 都 可以……
Nǐ zài rènhé shíhou dōu kěyǐ……
You can … whenever …

169

王东和于西 Wang Dong and Yu Xi

王东：你 看，一 到 冬季，报纸 上
Nǐ kàn, yí dào dōngjì, bàozhǐ shang

电视 上 就 有 各 种 消息，
diànshì shang jiù yǒu gè zhǒng xiāoxi,

报道 人们 都 去 哪儿 滑 雪
bàodào rénmen dōu qù nǎr huá xuě

啦，去 哪儿 滑 冰 啦。
la, qù nǎr huá bīng la.

Look, there are all kinds of news in newspapers and on TV which report that people go skiing and skating as soon as winter comes.

于西：是 啊，我们 只能 在 这儿 看看
Shì a, wǒmen zhǐnéng zài zhér kànkan

报纸 和 电视，美慕 他们。
bàozhǐ hé diànshì, xiànmù tāmen.

Yes. We can do nothing but read newspapers and watch TV here. We are envious of them.

王东：什么 时候我 也 能 有 时间、
Shénme shíhou wǒ yě néng yǒu shíjiān、

有财力 去 最 好 的　滑雪场，
yǒu cáilì qù zuì hǎo de huáxuěchǎng,

甚至 出国 去 滑雪!
shènzhì chūguó qù huá xuě!

When can I also have time and money to go
to the best ski runs, even those in foreign
countries?

于西：等　你 攒够 了 钱，那 时候 会
Děng nǐ zǎngòule qián, nà shíhou huì

不会 太老 了呢?
bu huì tài lǎo le ne?

Will you be too old when you save enough
money?

王东：这 也 是 我 担 心 的 事。
Zhè yě shì wǒ dān xīn de shì.

This is what I am worrying about.

于西：我 有 一 个 主意，你 在 任何
Wǒ yǒu yí ge zhǔyi, nǐ zài rènhé

时候，包括　夏天，都 可以 去
shíhou, bāokuò xiàtiān, dōu kěyǐ qù

滑冰， 一 小时 只 要 十
huá bīng, yì xiǎoshí zhǐ yào shí

块 钱！
kuài qián!

I have an idea—you can go skating whenever you want for only ten *yuan* an hour, even in summer.

王东： 这么 好？在 哪儿？
Zhème hǎo? Zài nǎr?

Really? Where is it?

于西： 游乐园 的 旱冰场！
Yóulèyuán de hànbīngchǎng!

The roller skating rink in the amusement park.

➡ 报道 bàodào to report

羡慕 xiànmù be envious of；admire；
envy；jealous

财力 cáilì financial resources

攒 zǎn to save (money)；to collect；
to assemble

旱冰 hànbīng roller-skating

王东 Wang Dong

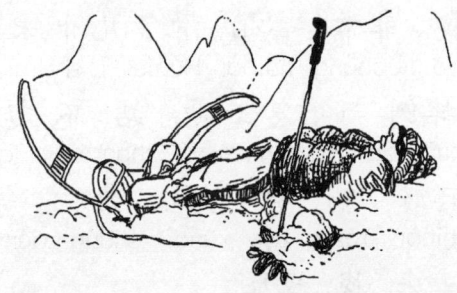

我 有 一 次　难忘　的 经历，那
Wǒ yǒu yí cì nánwàng de jīnglì, nà

是 在 一 个 天然 的　滑雪场　滑雪。
shì zài yí ge tiānrán de huáxuěchǎng huá xuě.

那儿 人 少，空气　好，雪 也 厚。
Nàr rén shǎo, kōngqì hǎo, xuě yě hòu.

教练　简单　地 指导 我 几 句 后，就
Jiàoliàn jiǎndān de zhǐdǎo wǒ jǐ jù hòu, jiù

带着 我 开始 滑。可是 没　想到，他
dàizhe wǒ kāishǐ huá. Kěshì méi xiǎngdào, tā

很 快 就　滑远 了，剩下 我 一 个
hěn kuài jiù huáyuǎn le, shèngxià wǒ yí ge

人 慢慢 地 滑。我 望望 四周，
rén mànman de huá. Wǒ wàngwang sìzhōu,

山路 上 一个人 也 没有，安静 极
shānlù shang yí ge rén yě méiyǒu, ānjìng jí

了。我 非常 害怕。滑了 几十米，我
le. Wǒ fēicháng hàipà. Huále jǐ shí mǐ, wǒ

就 摔倒 了，怎么 也 站 不 起来。
jiù shuāidǎo le, zěnme yě zhàn bu qǐlái.

我 只好 躺 在 雪地 上 等着
Wǒ zhǐhǎo tǎng zài xuědì shang děngzhe

教练 来 找 我！
jiàoliàn lái zhǎo wǒ!

I have a memorable experience of skiing in a natural ski run with few people, fresh air and thick snow. I began to ski after the coach had given me some simple directions. Unexpectedly, however, he skied far away soon, and I was left behind alone. I looked around and saw nobody on the mountain path. It was very quiet. I was scared, and fell over myself after I skied dozens of meters, and couldn't stand up again. I could do nothing but lying on the snow-covered ground, waiting for the coach to find me.

➡经历　　jīnglì　　experience;
　　　　　　　　　to go through

天然　　tiānrán　　natural

摔倒　　shuāidǎo　　to fall over oneself;
　　　　　　　　　to tumble

滑雪场　huáxuěchǎng　ski run

也许你需要
You will probably need these words

溜冰　　liū bīng　　skating

膝盖　　xīgài　　knee

关节　　guānjié　　joint; arthrosis

滑雪板　huáxuěbǎn　skis

雪杖　　xuězhàng　　ski pole;
　　　　　　　　　ski stick

还有几句话 A few more sentences

■ 我　最　爱　看　的　比赛　之　一　是　把
Wǒ zuì ài kàn de bǐsài zhī yī shì bǎ

滑冰　和　舞蹈　结合　起来　的
huábīng hé wǔdǎo jiéhé qǐlái de

花样　滑冰。

huāyàng huábīng.

Figure skating which integrates skating with dancing is one of the most favorite games that I like watching.

对　没　滑过　冰、滑过　雪　的

Duì méi huáguo bīng、huáguo xuě de

老人　来　说，还是　不　要　去　试

lǎorén lái shuō, háishi bú yào qù shì

比较　好。

bǐjiào hǎo.

The aged who have never skated or skied had better not have a try.

25 做几个好菜 Zuò Jǐ Ge Hǎo Cài
Cooking Delicious Dishes

记住这些句型 Remember the sentence patterns

■ 谁 说 我……?
Shuí shuō wǒ……?
Who says that I...?

■ 对,我 想 起来了,……
Duì, wǒ xiǎng qǐlai le,……
Yes, it occurred to me that ...

■ 这 是 我……的 第一 个……
Zhè shì wǒ…… de dì-yī ge……
This is my first ...

■ 预祝 你 成功!
Yùzhù nǐ chénggōng!
Wish you success!

王东和于西 Wang Dong and Yu Xi

王东：于 西，你 怎么 看起 烹饪 书
Yú Xī, nǐ zěnme kànqǐ pēngrèn shū

来 了？
lái le?

Why do you read the cooking books, Yu Xi?

于西：明天 是 我 妈妈 的 生日，我
Míngtiān shì wǒ māma de shēngri, wǒ

打算 给 她 做 几 个 好 菜，让
dǎsuan gěi tā zuò jǐ ge hǎo cài, ràng

她 高兴 高兴！
tā gāoxìng gāoxìng!

It is my mother's birthday tomorrow, and I
want to cook several delicious dishes to
make her happy.

王东：原来 是 这样。可 你 从来 也
Yuánlái shì zhèyàng. Kě nǐ cónglái yě

不 进 厨房，看看 烹饪 书 就
bú jìn chúfáng, kànkan pēngrèn shū jiù

能 做出 好 菜 来？
néng zuòchū hǎo cài lai?

I see! But you have never cooked, can you cook delicious dishes after you read a cooking book?

于西：谁　说　我　没　进过　厨房？我
　　　Shéi shuō wǒ méi jìnguo chúfáng? Wǒ

不是　常　给　咱们　俩　煮
bú shì cháng gěi zánmen liǎ zhǔ

方便面　　吗？
fāngbiànmiàn ma?

Who says that I have never cooked? Don't I often cook instant noodles for us?

王东：对！我　想　起来　了，你煮的
　　　Duì! Wǒ xiǎng qǐlai le, nǐ zhǔ de

方便面　味道　还　真　不错！
fāngbiànmiàn wèidao hái zhēn búcuò!

Yes! It occurred to me that the noodles you cooked tasted good.

于西：好了，这是我今天做的第一
　　　Hǎo le, zhè shì wǒ jīntiān zuò de dì-yī

个菜，你　尝尝，　给　我
ge cài, nǐ chángchang, gěi wǒ

提提 意见。
títi   yìjiàn.

Come on. This is my first dish today. Try it
and make some suggestions please.

王东：先 预祝你 成功！——哇！你
　　　Xiān yùzhù nǐ chénggōng! —— Wā! Nǐ

放了 多少 盐？
fàngle duōshao yán?

Wish you success! ——Oh, how much salt
did you put in it?

➡烹饪书　pēngrèn shū　cooking book
厨房　　　chúfáng　　　kitchen
煮　　　　zhǔ　　　　　cook; stew
味道　　　wèidao　　　 taste; flavour; smell
预祝　　　yùzhù　　　　wish

于西 Yu Xi

一般 来 说，在 家里 厨房　中
Yìbān lái shuō, zài jiāli chúfáng zhōng

忙碌 的 总 是 妈妈 或者 妻子，
mánglù de zǒng shì māma huòzhě qīzi,

可是 在 饭店、食堂 的 厨房 里，又
kěshì zài fàndiàn、shítáng de chúfáng li, yòu

几乎 全 是 男人 在 做菜。这么
jīhū quán shì nánrén zài zuò cài. Zhème

说，男人 其实 很 会 做菜，只是 不
shuō, nánrén qíshí hěn huì zuò cài, zhǐ shì bú

愿意 在 家里 做。现在 年轻 女人
yuànyì zài jiā li zuò. Xiànzài niánqīng nǚrén

开始 不满 了，她们 说 一切
kāishǐ bùmǎn le, tāmen shuō yíqiè

家务活儿 都 应该 男 女 分担。我
jiāwùhuór dōu yīnggāi nán nǚ fēndān. Wǒ

真 担心 有 一天 我 得 进 厨房
zhēn dān xīn yǒu yì tiān wǒ děi jìn chúfáng

为 我 的 妻子 做 饭 做 菜!
wèi wǒ de qīzi zuò fàn zuò cài!

Generally speaking, it is the mother or wife who is engaged in the kitchen at home. But it is almost all men who cook in hotels and eateries. So, men are actually good at cooking, but they don't want to cook at home. Young women become dissatisfied now. They say that housework should be shared by both men and women. I am afraid that I have to cook in the kitchen for my wife one day.

➡忙碌	mánglù	be engaged in; be busy doing
不满	bùmǎn	dissatisfied; resentful
分担	fēndān	share
家务活儿	jiāwùhuór	housework

也许你需要
You will probably need these words

餐具	cānjù	tableware; dinner service or set
炊具	chuījù	cooking utensils

灶具	zàojù	cooking utensils
生	shēng	uncooked; raw
熟	shú	cooked; ripe

还有几句话 A few more sentences

■ 吃到 可口 的 饭菜，也 是 人生
Chīdào kěkǒu de fàn cài, yě shì rénshēng

中 一 种 很 大 的 乐趣。
zhōng yì zhǒng hěn dà de lèqù.

It is also a great pleasure of life to eat delicious food.

■ 对 吃 有 研究，也 可以 成为
Duì chī yǒu yánjiū, yě kěyǐ chéngwéi

专家， 叫做 "美食家"。
zhuānjiā, jiàozuò "měishíjiā".

Those who are specialized in evaluating food may also be regarded as experts, who are called "gastronomes".

26 报纸和杂志　Bàozhǐ hé Zázhì
Newspapers and Magazines

记住这些句型 Remember the sentence patterns

■ 怎么 一 个……也 没有?
Zěnme yí ge…… yě méiyǒu?
Why there is no . . . ?

■ 一 大 半 是……
Yí dà bàn shì……
more than half are . . .

■ 一会儿 就 能…… 完。
Yíhuìr jiù néng……wán.
can . . . in a moment

■ ……才 卖 一 块 钱!
……cái mài yí kuài qián!
… only costs one *yuan*!

184

王东和于西 Wang Dong and Yu Xi

→

王东：今天 电视 怎么 一个 好 节目
Jīntiān diànshì zěnme yí ge hǎo jiémù

也 没有？
yě méiyǒu?

Why there is no good program on TV to-day?

于西：那就 关了 吧！给 你 看看 这些
Nà jiù guānle ba! Gěi nǐ kànkan zhèxiē

报纸 和 杂志，里边 一定 有 你
bàozhǐ hé zázhì, lǐbian yídìng yǒu nǐ

感 兴趣 的 内容。
gǎn xìngqù de nèiróng.

Just turn it off then! Read these news-papers and magazines, and there must be something that you are interested in.

王东：现在 的 报纸 真 厚 啊，一期
Xiànzài de bàozhǐ zhēn hòu a, yì qī

居然 有 六十四 版， 整整
jūrán yǒu liùshísì bǎn, zhěngzhěng

十六 张!

shíliù zhāng!

Newspapers are really thick now! There are even 64 pages or 16 sheets for an issue.

于西：厚 是 厚，可是 一会儿 就 能

Hòu shì hòu, kěshì yíhuìr jiù néng

看完。一大半是 广告。

kànwán. Yí dà bàn shì guǎnggào.

Yes, it is thick. But you can finish it soon because more than half are advertisements.

王东：怪 不得 一 份 报纸 才 卖 一

Guài bu dé yí fèn bàozhǐ cái mài yí

块 钱！

kuài qián!

No wonder a copy only costs one *yuan*!

于西：我 讨厌 广告， 它们 浪费了

Wǒ tǎoyàn guǎnggào, tāmen làngfèile

这么 多 好 纸。

zhème duō hǎo zhǐ.

I don't like advertisements, because they waste so much good paper.

王东：我 不 讨厌， 你 看， 这 广告
Wǒ bù tǎoyàn, nǐ kàn, zhè guǎnggào

上 的 姑娘 多 迷人 啊！
shang de gūniang duō mírén a!

I don't hate them. Look, how attractive the
girl in this advertisement is!

➡内容　　nèiróng　　　　content
　版　　　bǎn　　　　　　page
　讨厌　　tǎoyàn　　　　　dislike;
　　　　　　　　　　　　　be disgusted with
　整整　　zhěngzhěng　　　full
　迷人　　mírén　　　　　　attractive; beautiful;
　　　　　　　　　　　　　bewitching

王东 **Wang Dong**　➤

　　报纸 杂志 发展 的 速度 真
　　Bàozhǐ zázhì fāzhǎn de sùdù zhēn

惊人。 你 去 售报亭 看 一 看，
jīngrén. Nǐ qù shòubàotíng kàn yi kàn,

一般 都 有 三四十 种 报纸 和 更
yìbān dōu yǒu sān-sìshí zhǒng bàozhǐ hé gèng

多 的 杂志。它们 服务 的 对象 从
duō de zázhì. Tāmen fúwù de duìxiàng cóng

儿童 到 老人，从 男人 到 女人，
értóng dào lǎorén, cóng nánrén dào nǚrén,

从 爱好 围棋 的 到 喜欢 时装
cóng àihào wéiqí de dào xǐhuan shízhuāng

的，可以 说，每 一 个 人 都 能
de, kěyǐ shuō, měi yí ge rén dōu néng

找到 一 份 适合 自己 的
zhǎodào yí fèn shìhé zìjǐ de

报纸 杂志。
bàozhǐ zázhì.

Newspapers and magazines are booming surprisingly. There are generally thirty to forty kinds of newspapers and more magazines in a newspaper booth. They provide so wide a range of service that everyone, including children, the aged, men and women, and those who are interested in *weiqi* and fashionable dresses, can find a suitable newspaper or magazine.

➡ 惊人　　jīngrén　　surprising; astonishing

售报亭　shòubàotíng　newspaper booth

对象	duìxiàng	object
时装	shízhuāng	fashionable dress
围棋	wéiqí	a game of go; *weiqi*

也许你需要
You will probably need these words

周报	zhōubào	weekly
月刊	yuèkān	monthly
娱乐休闲	yúlè xiūxián	entertainment
新闻资讯	xīnwén zīxùn	news and information

还有几句话 A few more sentences

■ 很 多 人 已经 没有 耐心 看完
Hěn duō rén yǐjīng méiyǒu nàixīn kànwán
一 篇 长 文章 了，所以
yì piān cháng wénzhāng le, suǒyǐ
现在 的 报纸 杂志，文字 少 了，
xiànzài de bàozhǐ zázhì, wénzì shǎo le,
图片 多 了。
túpiàn duō le.

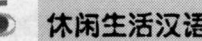

Many people are not patient enough to read a long article, so there are more pictures and less words in the newspapers and magazines now.

我们　还　可以　通过　　互联网
Wǒmen　hái　kěyǐ　tōngguò　hùliánwǎng

浏览 报纸 和 杂志。
liúlǎn bàozhǐ hé zázhì.

We can read newspapers and magazines on the internet.

27 卡拉 OK

Kǎlā OK

Karaoke

记住这些句型 Remember the sentence patterns

■ 是 你们 非 让 我……的。
Shì nǐmen fēi ràng wǒ…… de.
I was dragged in by you to . . .

■ 不 好意思……
Bù hǎoyìsi……
be shy to . . . ; be embarrassed to . . .

■ 对……上 瘾。
Duì…… shàng yǐn.
be addicted to . . . ; be crazy about . . .

■ ……我 是 不 会……的。
……wǒ shì bú huì ……de.
I wouldn't . . .

王东和于西 Wang Dong and Yu Xi

王东:附近 又 开了
Fùjìn yòu kāile

两 家 歌厅,
liǎng jiā gētīng,

你 知道 吗?
nǐ zhīdào ma?

Do you know that
two singing halls have opened business
nearby?

于西:是 吗? 不过, 那些 地方 我 是 不
Shì ma? Búguò, nàxiē dìfang wǒ shì bú

会 去 的。
huì qù de.

Really? But I wouldn't go to such places.

王东:哎, 你 不 是 跟 我们 去过 几 次
Āi, nǐ bú shì gēn wǒmen qùguo jǐ cì

卡拉 OK 吗?
kǎlā OK ma?

Hey, didn't you go to Karaoke bars with us several times?

于西：那也是你们非让我去的。你
Nà yě shì nǐmen fēi ràng wǒ qù de. Nǐ

没发现吗？我每次去只听
méi fāxiàn ma? Wǒ měi cì qù zhǐ tīng

不唱，我五音不全。
bú chàng, wǒ wǔyīn bù quán.

I was dragged in by you. Didn't you find that I was always a listener rather than a singer because of my poor voice?

王东：以前我跟你一样，唱不
Yǐqián wǒ gēn nǐ yíyàng, chàng bu

好，也不好意思在别人
hǎo, yě bù hǎoyìsi zài biéren

面前开口唱，现在你猜
miànqián kāi kǒu chàng, xiànzài nǐ cāi

怎么样？我对唱卡拉OK
zěnmeyàng? Wǒ duì chàng kǎlā OK

上瘾！
shàng yǐn!

Me too! I used to be a poor singer, and

was embarrassed to sing before others. Do you know how it is now? I am crazy about karaoke!

于西：这 是 怎么 回事?
Zhè shì zěnme huí shì?

Why?

王东：当 我 唱完 一 首，大家 为
Dāng wǒ chàngwán yì shǒu, dàjiā wèi

我 热烈 鼓 掌 的 时候，我 突然
wǒ rèliè gǔ zhǎng de shíhou, wǒ tūrán

觉得 自己 像 个 明星!
juéde zìjǐ xiàng ge míngxīng!

I suddenly felt as if I were a star when people applauded warmly for me after I finished singing a song.

➡五音不全	wǔyīn bù quán	poor voice
上瘾	shàng yǐn	be crazy about sth.; be addicted (to sth.)
热烈	rèliè	warmly
不好意思	bù hǎoyìsi	be shy; be embarrassed

于西 Yu Xi

　　虽然 我 不会 唱 歌，可 我 爱
　　Suīrán wǒ bú huì chàng gē, kě wǒ ài
听 歌。电视 里、电台 里 的 流行
tīng gē. Diànshì li、diàntái li de liúxíng
歌曲 我 基本 上 都 熟悉。但是
gēqǔ wǒ jīběn shang dōu shúxi. Dànshì
最近 的 一件 事 叫 人 头 疼。我 的
zuìjìn de yí jiàn shì jiào rén tóu téng. Wǒ de
邻居 在 家 里 安装了 一 套 家庭
línjū zài jiā li ānzhuāngle yí tào jiātíng
卡拉 OK 设备，几乎 每天 晚上
kǎlā OK shèbèi, jīhū měitiān wǎnshang
都 唱，几 个 人 轮流 唱，声音
dōu chàng, jǐ ge ren lúnliú chàng, shēngyīn
很 大，唱 到 半夜 还 不 停。这
hěn dà, chàng dào bànyè hái bù tíng. Zhè
没关系，糟糕 的 是 他们 唱 得
méi guānxi, zāogāo de shì tāmen chàng de
都 那么 难听！
dōu nàme nántīng!

　　Though I cannot sing, I like listening to

songs, and I am familiar with the pop songs on TV or radio stations. But recently my neighbor fixed a set of karaoke equipment in the house, and they sing loudly almost every night by turns till midnight. What makes things worse is that their voices are so unpleasant. What a big headache!

➡ 头疼　　tóu téng　　headache

　安装　　ānzhuāng　　to install; to fix

　轮流　　lúnliú　　in turn; by turns; take turns

　声音　　shēngyīn　　sound; voice

　糟糕　　zāogāo　　too bad

也许你需要
You will probably need these words

　音色　　yīnsè　　timbre; tone color

　音响　　yīnxiǎng　　acoustics; sound

　嗓子　　sǎngzi　　voice

　合唱　　héchàng　　chorus

　独唱　　dúchàng　　solo

还有几句话 A few more sentences

■ 在 歌厅 里，能 发现 很多 普通
Zài gētīng li, néng fāxiàn hěn duō pǔtōng
人 唱 得 跟 专业 歌手
rén chàng de gēn zhuānyè gēshǒu
一样 好。
yíyàng hǎo.

There are many ordinary people who sing as well as those professionals in the singing hall.

■ 如果 是 一个 容易 害羞 的 人，多
Rúguǒ shì yí ge róngyì hàixiū de rén, duō
唱 卡拉 OK，性格 可能 会
chàng kǎlā OK, xìnggé kěnéng huì
改变。
gǎibiàn.

You can change your shy character if you sing more often in karaoke bars.

28 陶艺制作

Táoyì Zhìzuò

Pottery-making

记住这些句型 Remember the sentence patterns

■ 这个…… 怎么样?

Zhège…… zěnmeyàng?

How does this ... look like?

■ 要是……,我 大概 不 会……

Yàoshi……, wǒ dàgài bú huì……

I would probably not ... if ...

■ 这 是…… 亲手 做 的。

Zhè shì…… qīnshǒu zuò de.

It is made by ... oneself.

■ 用…… 做 的。

Yòng……zuò de.

be made of ... ; be made from ...

王东和于西 Wang Dong and Yu Xi

王东：于 西，我 有 一
Yú Xī, wǒ yǒu yí

件 好 东西 给
jiàn hǎo dōngxi gěi

你看!
nǐ kàn!

I have a good thing to show you, Yu Xi!

于西：是 什么？啊，是 花瓶 啊，这 有
Shì shénme? À, shì huāpíng a, zhè yǒu

什么 特别 的？
shénme tèbié de?

What is it? Oh, it is a vase. Is there anything
special?

王东：你 先 说 这个 花瓶 怎么样？
Nǐ xiān shuō zhège huāpíng zěnmeyàng?

Tell me how this vase looks like first.

于西：一般 吧。 好像 是 陶土 做 的，
Yìbān ba. Hǎoxiàng shì táotǔ zuò de,

要是 放在 商店 里，我 大概
yàoshi fàng zài shāngdiàn li, wǒ dàgài

不 会 买。这 是 你 买 的 吗？
bú huì mǎi. Zhè shì nǐ mǎi de ma?

还是 哪个 女孩 送 你 的？
Háishi nǎge nǚhái sòng nǐ de?

There is nothing special. It seems to be
made of pottery clay. Probably I wouldn't
buy it if it is sold in a shop. Did you buy it
or is it a gift from a girl?

王东：告诉 你，这 是 我 姐姐 亲手 做
Gàosu nǐ, zhè shì wǒ jiějie qīnshǒu zuò

的！她 在 陶艺 制作 学校 学了
de! Tā zài táoyì zhìzuò xuéxiào xuéle

以后 自己 设计、自己 做 的！
yǐhòu zìjǐ shèjì、zìjǐ zuò de!

It is made by my sister herself. She designed
and made it after she studied in a pottery-
making school.

于西：是 这样！我 再 仔细 看看。
Shì zhèyàng! Wǒ zài zǐxì kànkan.

不错， 真 的 不错， 非常
Búcuò, zhēn de búcuò, fēicháng

漂亮， 太 美 了!
piàoliang, tài měi le!

Oh, I see! Let me take a careful look again!

Good! Very good! It is very beautiful!

➡花瓶　　　huāpíng　　　vase

陶土　　　táotǔ　　　pottery clay

陶艺制作　táoyì zhìzuò　pottery-making

设计　　　shèjì　　　to design; to plan

王东 Wang Dong

自从 我 姐姐 上了 一 个 陶艺
Zìcóng wǒ jiějie shàngle yí ge táoyì

制作 学校 以后， 我们 家 的
zhìzuò xuéxiào yǐhòu, wǒmen jiā de

装饰品 就 多 起来 了。她 今天
zhuāngshìpǐn jiù duō qǐlai le. Tā jīntiān

做 一 个 小 茶杯，明天 做 一 个
zuò yí ge xiǎo chábēi, míngtiān zuò yí ge

大 花瓶， 送 妈妈 一 个 陶碗，给
dà huāpíng, sòng māma yí ge táo wǎn, gěi

爸爸 一 个 酒壶， 还 经常 得意 地
bàba yí ge jiǔhú, hái jīngcháng déyì de

自我 欣赏。确实，她 有了 这个 爱好
zìwǒ xīnshǎng. Quèshí, tā yǒule zhège àihào

以后，人 好像 变 得 有 艺术 气质
yǐhòu, rén hǎoxiàng biàn de yǒu yìshù qìzhì

多 了。
duō le.

There have been more adornments in our
house ever since my sister studied at a pottery-
making school. She makes a little cup today and a
big vase another day; presents our mother with a
pottery bowl and father a flagon. She is often
pleased with herself in self-appreciation. She has
had more artistic makings since she became inter-
ested in this art.

➡酒壶　　　jiǔhú　　　　　　flagon

得意　　　déyì　　　　　　pleased with oneself;
　　　　　　　　　　　　　　　proud of oneself

自我欣赏　zìwǒ xīnshǎng　self-appreciation

确实　　　quèshí　　　　　indeed

气质　　　qìzhì　　　　　　makings;temperament;
　　　　　　　　　　　　　　　qualities;disposition

也许你需要
You will probably need these words

釉彩　yòucǎi　enamel;glaze

毛笔　máobǐ　writing brush

烧　　shāo　　to bake;to burn;to fire

毛坯　máopī　roughcast;rough

还有几句话 A few more sentences

■ 陶艺 制作 啊，插花 啊，书法 绘画
Táoyì zhìzuò a, chāhuā a, shūfǎ huìhuà

啊，这些 都 是 教 我们 如何
a, zhèxiē dōu shì jiāo wǒmen rúhé

欣赏　美的　学校。
xīnshǎng měi de xuéxiào.

Through the arts such as pottery-making, ike-bana, calligraphy and painting we may learn how to appreciate beauty.

据说，　美国　电影　《幽灵》
Jùshuō, Měiguó diànyǐng 《Yōulíng》
上映　以后，陶艺　制作　就　开始
shàngyìng yǐhòu, táoyì zhìzuò jiù kāishǐ
流行　了。
liúxíng le.

It is said that pottery-making has become popular since the show of the American film *Ghost*.

29 蹦迪

Bèngdí

Disco

记住这些句型 **Remember the sentence patterns**

■ 浑身 都 是……
Húnshēn dōu shì……

... all over

■ 难得 这么……
Nándé zhème……

it is very hard to ...

■ 就是 要 这 种 滋味。
Jiùshì yào zhè zhǒng zīwèi.

It is just what we want to taste.

■ 我 再…… 半 小时。
Wǒ zài…… bàn xiǎoshí.

Let me ... for half an hour.

王东和于西 Wang Dong and Yu Xi

王东：于西，咱们 走 吧！我 跳累 了，
Yú Xī, zánmen zǒu ba! Wǒ tiàolèi le,

浑身 都 是 汗！
húnshēn dōu shì hàn!

Let's go, Yu Xi! I am too tired and sweat all over.

于西：你 说 什么？我 听 不 见！
Nǐ shuō shénme? Wǒ tīng bu jiàn!

What did you say? I cannot hear you!

王东：我 说， 咱们 回去 吧！ 这儿
Wǒ shuō, zánmen huíqu ba! Zhèr

音乐 太 吵 了，我 觉得 有点儿
yīnyuè tài chǎo le, wǒ juéde yǒudiǎnr

头 晕！
tóu yūn!

Let's go! The music here is too noisy, and I feel a bit dizzy.

于西：来 迪厅 就是 要 这 种 滋味，
Lái dítīng jiùshì yào zhè zhǒng zīwèi,

我们 难得 这么 放松 一 回，
wǒmen nándé zhème fàngsōng yì huí,

你再 好好 享受 一会儿 吧！
nǐ zài hǎohao xiǎngshòu yíhuìr ba!

你 看，那个 领 舞 小姐 跳 得
Nǐ kàn, nàge lǐng wǔ xiǎojiě tiào de

多 有劲儿！
duō yǒu jìnr!

It is just what we want to taste here. It is hard for us to have a chance to relax ourselves and you'd better go on enjoying yourself for a moment. Look! How enthusiastic the female leading dancer is!

王东：我 已经 跳饿 了，真 想 跑
Wǒ yǐjing tiào'è le, zhēn xiǎng pǎo

出去 吃 点儿 东西。
chūqu chī diǎnr dōngxi.

I am hungry. How I want to go out to eat something!

于西：可是 我 今天 的 晚饭 还 没
Kěshì wǒ jīntiān de wǎnfàn hái méi

消化 呢，再 跳 半 小时！
xiāohuà ne, zài tiào bàn xiǎoshí!

But my supper is still undigested now. Let's stay for half an hour.

➡ 领舞　lǐng wǔ　leading dancer
浑身　húnshēn　all over
头晕　tóu yūn　dizzy；be light in the head
迪厅　dítīng　disco hall
消化　xiāohuà　to digest；be assimilated

王东 Wang Dong ➡

每 到 周末，北京 的 几 家 大 的
Měi dào zhōumò, Běijīng de jǐ jiā dà de

迪厅 就 变得 十分 火爆。有 经验
dítīng jiù biànde shífēn huǒbào. Yǒu jīngyàn

的DJ 放出 最 震撼 的 舞曲， 领
de DJ fàngchū zuì zhènhàn de wǔqǔ, lǐng

舞 小姐 在 台上 像 不 知道 累
wǔ xiǎojiě zài tái shang xiàng bù zhīdào lèi

的 机器 一样 带领着 大家，台下 几
de jīqì yíyàng dàilǐngzhe dàjiā, táixià jǐ

百 人 一起 蹦 啊，跳 啊，把 时间 都
bǎi rén yìqǐ bèng a, tiào a, bǎ shíjiān dōu

忘 了，把一 周 工作、 生活 的
wàng le, bǎ yì zhōu gōngzuò、shēnghuó de

单调 辛苦 都 忘 了! 我 想， 过
dāndiào xīnkǔ dōu wàng le! Wǒ xiǎng, guò

几 年，我 就 不 可能 再 到 迪厅 去
jǐ nián, wǒ jiù bù kěnéng zài dào dítīng qù

了，因为 在 那儿 蹦迪 的 人 大概
le, yīnwèi zài nàr bèngdí de rén dàgài

都 在 二十五 岁 以下!
dōu zài èrshíwǔ suì yǐxià!

Some big disco halls are very prosperous on weekends. The experienced DJ would play the most exciting dances, and the female leading dancer would keep dancing on the stage tirelessly like a machine, while the crowd dance and jump along with her, forgetting about the time and the whole

week's hard and dull work and life! I think that I
cannot go to disco halls any longer after several
years, because the people there are mostly under
25 years old.

➡带领　dàilǐng　　to lead; to guide
　经验　jīngyàn　　experience
　震撼　zhènhàn　　exciting
　蹦迪　bèngdí　　to dance in a disco hall; disco

也许你需要
You will probably need these words

音量　　　yīnliàng　　　volume
舞步　　　wǔbù　　　dancing step
满头大汗　mǎn tóu dà hàn　with sweat all
　　　　　　　　　　　　over the head
疯狂　　　fēngkuáng　　mad; crazy; wild

还有几句话 A few more sentences

■ 蹦迪　是　一　种　　运动，不过　有
　Bèngdí shì yì zhǒng yùndòng, búguò yǒu

的人由于 长 时间地跳，身体
de rén yóuyú cháng shíjiān de tiào, shēntǐ

跳出了 问题！
tiàochūle wèntí!

Disco is a sport, but some people dance so long
that something goes wrong with their bodies.

去 迪厅 看了 才 知道 "年轻 人
Qù dítīng kànle cái zhīdào "niánqīng rén

精力 旺盛" 是 什么 意思。
jīnglì wàngshèng" shì shénme yìsi.

Only by having a look at a disco hall can you
understand the meaning of the statement that
"The young is full of vigour."

30 电视节目

Diànshì Jiémù

TV Programs

记住这些句型 Remember the sentence patterns

■ 我 真 怀念······ 的 时候!

Wǒ zhēn huáiniàn······ de shíhou!

I really miss the time when ....

■ 那 怎么 做 得 到?

Nà zěnme zuò de dào?

How could (I) do that?

■ 其中 的······个······

Qízhōng de······ge······

(*number*) of the ...

■ 这 不 是 太 傻 了 吗?

Zhè bú shì tài shǎ le ma?

Isn't it too foolish?

王东和于西 Wang Dong and Yu Xi

王东：于西，我 看 你 快 要 把 电视
Yú Xī, wǒ kàn nǐ kuài yào bǎ diànshì

遥控器 用坏 了！
yáokòngqì yònghuài le!

It seems that you are going to destroy the
TV remote control, Yu Xi

于西：没 办法，现在 我们 能 收到
Méi bànfǎ, xiànzài wǒmen néng shōudào

三十二 个 电视 频道，你 说，我
sānshí'èr ge diànshì píndào, nǐ shuō, wǒ

能 不 认真 选择 一 个 好
néng bú rènzhēn xuǎnzé yí ge hǎo

的 吗？
de ma?

I cannot help it. There are 32 channels now,
and don't you think that I should choose a
good one seriously?

王东：每 个 频道 只 看 一 分钟，
Měi ge píndào zhǐ kàn yì fēnzhōng,

等 你 全部 看一 眼 就要 半
děng nǐ quánbù kàn yì yǎn jiù yào bàn

个 小时, 真正 好 的 节目
ge xiǎoshí, zhēnzhèng hǎo de jiémù

一定 会 被 你 错过 的。
yídìng huì bèi nǐ cuòguò de.

It will cost you half an hour if you watch every channel for only a minute. And you will surely miss the excellent program.

于西: 所以 有 时候 我 真 怀念
Suǒyǐ yǒu shíhou wǒ zhēn huáiniàn

从前 只 有 四五 套 节目
cóngqián zhǐ yǒu sì-wǔ tào jiémù

的 时候!
de shíhou!

So I really miss the time when we had only four or five channels.

王东: 那 很 容易 啊! 你 可以 规定
Nà hěn róngyì a! Nǐ kěyǐ guīdìng

自己 只 在 第一 到 第五 套 节目
zìjǐ zhǐ zài dì-yī dào dì-wǔ tào jiémù

中 选择, 别 的 根本 不
zhōng xuǎnzé, bié de gēnběn bú

去看。
qù kàn.

It is very easy for you! You may make it a
rule to choose a program from channel one
to channel five, leaving others alone.

于西：那 怎么 做 得 到? 那就 好像
Nà zěnme zuò de dào? Nà jiù hǎoxiàng

有 三十二 个 漂亮 姑娘 想
yǒu sānshí'èr ge piàoliang gūniang xiǎng

认识 我, 可 我 只 跟 其中 的 五
rènshi wǒ, kě wǒ zhǐ gēn qízhōng de wǔ

个 见 面, 这 不 是 太 傻 了 吗?
ge jiàn miàn, zhè bú shì tài shǎ le ma?

How could I do that? Isn't it too foolish to
meet only five of the 32 beautiful girls who
want to know me?

➡遥控器	yáokòngqì	remote controller
频道	píndào	channel
怀念	huáiniàn	to miss
规定	guīdìng	regulate; rule
傻	shǎ	foolish; stupid

于西 Yu Xi

　　据 统计，全 世界 坐 在 电视机
　　Jù tǒngjì, quán shìjiè zuò zài diànshìjī

前 时间 最 长 的 是 美国人， 前
qián shíjiān zuì cháng de shì Měiguórén, qián

五 位 中　　没有　中国。 这 是
wǔ wèi zhōng　méiyǒu Zhōngguó. Zhè shì

因为　　中国　家庭 平均　　拥有
yīnwèi　Zhōngguó jiātíng píngjūn yōngyǒu

电视机 的 数量　还 不 够 多。但是
diànshìjī de shùliàng hái bú gòu duō. Dànshì

我 相信，再 过 五 年、十 年，
wǒ xiāngxìn, zài guò wǔ nián、shí nián,

中国人　很 可 能 超过 美国人，
Zhōngguórén hěn kěnéng chāoguò Měiguórén,

成为　第一名。已经 有 越 来 越
chéngwéi dì-yī míng. Yǐjing yǒu yuè lái yuè

多 的　中国 孩子 离 不 开 电视
duō de Zhōngguó háizi lí bu kāi diànshì

了，在 家里，他们 最 喜欢 的 电器
le, zài jiāli, tāmen zuì xǐhuan de diànqì

就是 电视机。
jiùshì diànshìjī.

According to the statistics, it is the Americans who sit longest in front of TV sets in the world. China is not among the first five in the list because the average number of TV sets possessed by each family is not big enough. I believe, however, that the Chinese will probably overrun the Americans to become the first in the list within five or ten years. There are more and more children in China who cannot live without TV, which has become their most favorite electrical appliance at home.

➡️统计　　tǒngjì　　statistics

平均　　píngjūn　　average

拥有　　yōngyǒu　　to possess; to own

电器　　diànqì　　electrical appliance

也许你需要
You will probably need these words

主持人　zhǔchírén　　host or hostess;
　　　　　　　　　　master of ceremonies

栏目　　lánmù　　column

换台　　huàn tái　　to change to another
　　　　　　　　　　channel

播放　　bōfàng　　to broadcast

还有几句话 A few more sentences

■ 电视　是　目前　我们　能　最　快　最
Diànshì shì mùqián wǒmen néng zuì kuài zuì

生动　　地　得到　新闻　的　地方。
shēngdòng de dédào xīnwén de dìfang.

TV is the best media through which we can
learn the news as fast and lively as possible.

跟 电影 明星、歌星 一样，
Gēn diànyǐng míngxīng、gēxīng yíyàng,

电视 节目 主持人 也 是 许多
diànshì jiémù zhǔchírén yě shì xǔduō

年轻 人 理想 的 职业。
niánqīng rén lǐxiǎng de zhíyè.

Just as film and singing stars, it is an ideal vocation for many young people to become the hosts or hostesses of TV shows.